梵高的资本

为什么梵高兄弟比巴菲特更厉害

[法]伍特·范·德·维恩　著
周小兰　李淑君　译

SPM
南方出版传媒
广东经济出版社
·广州·

Originally published in France as:
Le Capital de Van Gogh. Ou comment les frères Van Gogh ont fait mieux que Warren Buffet by Wouter VAN DER VEEN

图书在版编目（CIP）数据

梵高的资本：为什么梵高兄弟比巴菲特更厉害 /（法）伍特·范·德·维恩著；周小兰，李淑君译. —广州：广东经济出版社，2021. 7
ISBN 978－7－5454－7736－8

Ⅰ. ①梵…　Ⅱ. ①伍…②周…③李…　Ⅲ. ①凡高（Van Gogh, Vincent 1853－1890）－人物研究　Ⅳ. ①K835. 635. 72

中国版本图书馆 CIP 数据核字（2021）第 067171 号

版权登记号：19－2021－024 号

责任编辑：赵　娜　刘亚平　周伊凌
责任技编：陆俊帆
封面设计：朱晓艳

梵高的资本——为什么梵高兄弟比巴菲特更厉害
FANGAO DE ZIBEN——WEISHENME FANGAO XIONGDI BI BAFEITE GENG LIHAI

出版人	李　鹏
出　版 发　行	广东经济出版社（广州市环市东路水荫路 11 号 11～12 楼）
经　销	全国新华书店
印　刷	广东信源彩色印务有限公司 （广州市番禺区南村镇南村村东兴工业园）
开　本	889 毫米×1194 毫米　1/32
印　张	6. 25　插页 8
字　数	110 千字
版　次	2021 年 7 月第 1 版
印　次	2021 年 7 月第 1 次
书　号	ISBN 978－7－5454－7736－8
定　价	68. 80 元

图书营销中心地址：广州市环市东路水荫路 11 号 11 楼
电话：（020）87393830　邮政编码：510075
如发现印装质量问题，影响阅读，请与本社联系
广东经济出版社常年法律顾问：胡志海律师

《艾腾路》（1881）

《哭泣的女人》（1883）

《在壁炉旁做饭的农妇》（1885）

《在农舍前工作的农妇》（1885）

《自画像》（1887）

《贝尔韦代雷俯瞰蒙马特》（1887）

《春日垂钓，克利希桥（阿涅尔）》（1887）

《罗兰夫人和她的孩子》（1888）

《鲜花盛开的果园》（1888）

《摇篮曲》（1889）

《橄榄树》（1889）

《星夜》（1889）

《卧室》（1889）

《约瑟夫·罗兰的画像》（1889）

《割掉耳朵后的自画像》（1889）

《麦田里的丝柏树》（1889）

《妇女采摘橄榄》（1889）

《玫瑰》（1890）

《第一步（米勒之后）》（1890）

《鸢尾花》（1890）

《麦田上的乌鸦》（1890）

推荐序

文森特·梵高是一个赫赫有名的画家，他有多重身份，首先是艺术商人，然后是传教士，最后是被诅咒的画家（他因此而闻名于世）。对于他，人们很难摆脱这样的刻板印象：被商业拒绝，被教会厌弃，被艺术杀死。在37年的生命中，他创作了近千幅画作，其中不乏不朽名作：自画像和《向日葵》《星夜》《麦田上的乌鸦》。他活着的时候，仅卖出了一幅作品。他逝世一个世纪后，他的作品总价值估计达到数十亿欧元。

如果我没有记错的话，我在位于瓦兹河畔奥维尔的梵高研究所的4天里，《梵高的资本》一书的写作构思就开始了，我与20岁的朋友伍特·范·德·维恩在距离文森特·梵高自杀的房间数米开外的地方，彻夜长谈，推杯换盏。我是第一次去那个地方。伍特是研究所的学术主任。

在头三天，我们之间的交流总像隔着一道墙，我们都认为彼此之间无法形成共识，甚至无法理解彼此。我跟伍特表明了我对于研究那些伟大的金融投资人的兴趣，这些人能够预言世界即将发生的深度变革，坚定信念，不知疲倦地工作，有时能坚持数十年来说服一群客户投资自己的项目，以此积累支持，直到有一天历史能验证他们观点的正确性。[①]

我们在奥维尔小镇逗留的头三天，每当我提及这些投资者的事迹，提及他们有远见的坚持以及意志的力量时，伍特总会跟我说："这跟文森特·梵高一样。"当我让他给我解释这个奇特的比较时，他只是重复："就跟文森特一样。"

第4天，我们度过了一个艰难的早晨，主要是因为前一天晚上我们在机缘巧合之下喝了一瓶被重新调过的苦艾酒。在这个让我们难受无比的奇特的早上，伍特重新思考了梵高书信中的某些篇章。他曾经参与这些书信的编辑工作，是世界上极为熟悉这些书信的人之一。

那天早上，他翻开书信集，发现大量的文段、句

① 我尤其想到了马克·莫比尔斯（Mark Mobius）。莫比尔斯是麻省理工学院哲学、经济学和政治学博士，从1986年至今，他一直坚信中国的进步，并倾注了大量心血研究中国发展。目前，中国已发展成为全球第二大经济体。如今，在地缘政治形势紧张的情况下，这个不知疲倦的人（莫比尔斯生于1936年）是非洲最大的投资者。

子、单词异常地和谐。他突然醍醐灌顶，参透了作为有远见的大投资者梵高和作为被诅咒的画家梵高之间的相似性。这种相似性造就了梵高本人的特色。

我和伍特既雀跃又惶恐，为他的发现惊喜不已，我们立刻向梵高研究所的创始人、主席多米尼克·詹森阐述了我们的想法。在那间梵高从1890年开始寄宿的、墙上刷着石灰粉的小屋里，多米尼克听着我们说话，眼神闪烁着光芒，我们在那无尽的夜晚陷入沉思。

数不清的想法已成虚幻，数不清的可能性正在打开。

克里斯多夫·布罗沙尔

前　言

I　故事

1992年的某个晚上，我的一个演奏巴松管的朋友跟我说，他有时会在街边演奏。我不知道他这样做是兴趣使然还是生活所迫。我从未见过他演奏。

他告诉我，有一次他在斯特拉斯堡的街头演奏，一个上了年纪的女士对他大吼，让他滚蛋，她用德语对他说：“滚到莱茵河对岸去！”还有一次，一个店主请他去别处演奏，因为他一开始演奏，行人就会迅速向他围拢，欣赏他的演出。

我不知道引起这两种反应的原因是什么，也不清楚这两件事是否代表在行人和店主眼中他的演出是成功的，还是说他演奏得很差甚至制造了太大的噪声。他对我说起这件事是为了让自己看上去很有趣吗？他只是演奏巴松管吗？

不论如何，从那以后，我每次看到或者听到巴松管，都会想到那个未曾谋面的女士，耳边会响起未曾听过的音乐，拼凑出这个我并不在场的场景，并听到有人大喊：“滚到莱茵河对岸去！”

和所有人一样，受到周围环境的影响，我平常会看到一些幻影，产生一些被重新组合的记忆。这些幻影可能是我曾经观察过的片段，甚至是对一些由他人传递的却理应被忽视的片段的回响。

为了让我的这些感受有实质性的参照，我父母有时会跟我讲一些故事。这些故事通常是他们对战争的回忆。他们的生活和我的生活都受到了这些回忆的影响。他们抱着对生命的赞誉来养育我，也促使我形成未来的一切都可能失去的强烈认知。

他们在我耳边循循善诱，这些事件的影像在我脑海中不断循环，就像我亲历过一样。尽管我这辈子唯一听到过的爆炸声是新年的爆竹声，但我仿佛听到了撕裂他们命运的炮弹呼啸而过的声响。

这些年来，我父母那些令人费解的记忆也以碎片化的形式传给了我，嵌入我脑海中，最终在一些多少有联系的故事中催生了一些紧密结合的元素。换句话说，我无意间将这些二手的、不完整的，有时甚至自相矛盾的记忆进行重组，形成了虚幻而又神圣的存在于记忆中的故事。

我有意识地将这些故事传给我的孩子们，但大部分我竭力传颂的事件和情感都烟消云散了。

这种记忆中的故事被那些接收者不断地重建和传播。那个不欣赏我朋友巴松管演奏的斯特拉斯堡女士只存在于我的脑海里，过去我父母的痛苦回忆也是如此。这未尝不是一件好事。不用记住所有前人的恐怖经历有益于身心，不用事无巨细地了解别人讲述的故事也并非坏事。我们要不断滋养回忆，并用遗忘来浇灌它。

这些不现实的思考与梵高没有直接关系，对于我个人而言，企图窥视他的过去本就是徒劳无功的，更何况是通过别人的记忆来构建某种真相。从本质上来说，回忆是碎片化的，记忆是循环往复的，故事在永远消逝之前是不断被传播的。

II 寻觅

上文的论断可能会令历史学家气馁，因为人们在研究一个历史人物的时候，会苦苦寻觅一种“客观的真相”，但他们不可避免地以证实某种预设的观点或否定某种预设的观点为目标，这和我在听到巴松管声音时尝试不去想“滚到莱茵河对岸去”是一样的道理。

那些顶尖的人文科学研究者洞察到这一点：他们从事的研究的价值是有限的。因此，他们善意地在著作的引言中指出，他们呈现的部分历史并非完全准确的历史，这些历史的背景比我们想象的更复杂，用于研究的材料仍无法被完全解读。学者们试图完全解读历史，然而他们的努力不但饱受怀疑，还没有什么作用。这些引言不是给读者阅读的，而是将著作置于曼达利纳德[①]、大学堂[②]和常识麻痹症

① 一种浓密的、黏稠的且不均匀的物质。这种物质呈斑点状，由承载着信息的脆弱的软组织碎片串联起来。其传导率因植入软组织碎片的地点、大小和温度的不同而有所不同。曼达利纳德并不罕见，但价格昂贵。（这里指代一种传播信息的介质。——编者注）

② 存放信息介质的场所。

者[1]之中。

那些怀着美好憧憬的作者的同行们极少阅读引言，对引言中的一些真知灼见也常常视而不见。他们在自己的作品中，不再深究那些他们自认为可靠的作品。他们利用脱离背景的片段去证实自己的看法和预感，他们会在那些不会去验证其正确性的杂志中发表他们不敢独自捍卫的观点。人文学科就是这样发展起来的。

我不善于按规则办事，缺乏野心，又受限于性格，不算是大学研究人员中的佼佼者。但我至少明白并接受，事无巨细地研究文森特·梵高这样一个熠熠生辉的人物对寻求历史真相徒劳无功，他的一生和作品却是我的研究可以探索的范围。

我旨在解读一个遥远的人影而探寻真相，我尝试穿过浓雾，而其本体也许会与我擦肩而过。我唯一的优势是我知道这些浓雾确实存在，但我拒绝承认它会带来致命的后果。这团局限性的浓雾从人类诞生之初就存在于世，人类一开始狂怒不已，接受这一局限性后又恢复了平静。这个局限性就是人类不会无所不知，永远不会，而地球是不会因此而停止转动的。

① 避世的曼达利纳德爱好者的总称，即漂泊于大学堂之间，不受常识和正直的人的真实的影响的人。

Ⅲ 过多的细节模糊想象

这几年，我对作为“感知现象”的梵高感兴趣，而非那些关于他的生命和作品的无数细节和无休止的讨论。

一些深谙研究之道的学者想要了解他作品的细节，比如梵高在普罗旺斯-圣雷米画下那幅著名的《星夜》的详细地点到底在哪里。这些研究者以星星与天空的具体方位、确切日期为依据，比照手上掌握的记录和画作上星星的位置。

我总是质疑这些努力的价值所在。梵高使用颜色、配景和构图时表现出明显的随意，因此不可能在画《星夜》的时候准确测量星星的位置。即便他真的这样做了，人们找到他作画的精确地点，对我们又有何助益呢?

我也曾看到一个同行——一个带着满面笑容的老先

生向他夫人解释，梵高是1890年5月20日到达瓦兹河畔的奥维尔的，他还补充道："他肯定是搭乘10时24分的火车到达沙蓬瓦尔的。"

这样的套路不在少数。有人从梵高的900封书信中寻找蛛丝马迹，计算他的弟弟提奥给他寄的每一分钱。从这些信件中，人们连微小的涂改都不放过，分析信件所暗含的内容：从他经常光顾的阿尔勒的咖啡厅老板到他购买插图杂志的拉雅的旧书商，以及他对杂志中插图的临摹和他对插图画家的说明。我也曾加入研究这些数不胜数的细节的行列，这些细节有它们自身的使命和合理性，但总是与最初的人性及其具有的优点和缺点相去甚远。

文献学、阐释学和神学之间的界限经常模糊不清。或许有一天我可以以文献学家自居，但之后也可能发现自己是一个神学家。

我越来越坚信，研究梵高的最伟大的专家并非那些为获得酬劳而从事研究的人，而是那些想亲自去鉴赏梵高画作的人。他们感知到的情感会让他们对自己的历史而不是艺术史产生共鸣。

Ⅳ 有生命的作品

有一天，在一场会议结束后，一个观众非常自豪地和我说起她那个现在已经是人生赢家的儿子。40年后，这位母亲泪眼婆娑地回忆起这段关于儿子的洞察力的往事。她儿子6岁时在一次展览中看到了《麦田上的乌鸦》。他惊呼：“这人疯了，画这幅画的人是个疯子！”她的儿子与梵高通过一幅画进行了神交，两个伟大的灵魂手挽着手站上文化的奥林匹亚山峰——资质一般的灵魂无法企及的圣地。

一个同样闪着泪光的从未接受过国民教育的男人也曾告诉我，梵高和他，以及我们所有人一样都是可怜人，他只想画画，只想人们放过他。

还有一位女士曾问我，是否能给我寄她的自画像。尽管我不明所以，但我答应了。当收到她的画像时，我惊讶地发现，这是一幅留着胡子、眼睛明亮的男人的画像，这让我想到了梵高。那位女士告诉我："这就是我。那天晚上，我就是文森特。"

一段时间里，我喜欢观察这些或伟大或平凡的人的反应，差不多忽视了我研究的主体，而且确信自己已经接近了与梵高这个人物有关的某种真相。从安托南·阿尔托到帕特里克·普瓦夫·达尔沃尔，还有莫里斯·皮亚拉，我的代理人、我的公证人和我的姐妹，这种真相通常是这些人讲述出来的亟待分享的痛苦经历和他们自己的梦想。因此，观赏者对梵高作品无法预料的反应，而非冷冰冰的真相，才是具有生命力的。我近距离观察由这些反应产生的疑惑及其引起的无休止的争论，不受任何客观真相的束缚。

这些俗套的和自由的感觉，这些不知名的专家，这些幸福的无知的人，离博物馆–神庙和大学堂很遥远，但比起研究人员的书籍和结论，我对他们形形色色的差异更感兴趣，因为梵高的作品与他们有交集。星星的位置、列车到达蓬图瓦兹的时间或是蒙马特大街已经去世一个多世纪的书商的名字，这些都不代表人类历史的真相。

也就是说，如果上述真相有存在的理由，那么某些预设的观点可能就没有那么迷人的魅力了。正如屠杀的借口是对某份宗教文献的无知，对此保持冷静总是让人五味杂陈。有时候，明显的失误会玷污关于伟人的记忆，或毁坏一件半成的作品，面对此情此景，人们很难保持无动于衷。

C O N T E N T S

目录

贫穷的文森特

关于梵高这一形象——注意，我指的是他的形象而非他本人——在根深蒂固和混淆视听的传说中，这个人一生贫困潦倒的传言一直存在。“这个画家有可能并不贫穷”的说法对于大部分梵高倾慕者，尤其是那些沉醉于自我认知的人（这些人不在少数）来说，是无法接受的。尝试让他们信服这个他们并不接受的事实是徒劳无功的：梵高的贫困是他们的精神寄托，指出梵高是个有产者（他确实是），这是侮辱他们对梵高的记忆，也有损他们作为梵高狂热粉丝的身份。

往往是一种抗争感滋养了对文森特的狂热，一种滋生于梵高遗作的荣光与其本人悲剧生活之间的强烈对比的抗争。根据一些狂热爱好者的说法，梵高画作中弯弯曲曲的笔画表露出他的苦难，表明他无法与他人交往；浓烈的颜色表现他内心的苦楚；随性的、常人无法想象的配景则反映出他不具备而一直苦苦追寻的某种心理平衡……这些未经思考的解读常见于对他个人的分析，实际上与梵高的意图大相径庭。

我作过多场关于梵高的生平和作品的演讲。我所谈及的内容有时与传统观念相去甚远，常常引发一些疑问。听众的提问对我而言是难能可贵的，时常让我有出乎意料的收获。我常常不得不说，我没有这个问题的答案，但我非常高兴你们提出这样的问题。比如说，有人问我，为什么梵高割掉了耳朵的一部分，他是否真的自杀而亡，他在生命的尽头是否依然信仰上帝，他是否爱慕着加歇医生的女儿……这些属于画家私生活的问题，是人们不太清楚的问题。人们也会问我，梵高是不是同性恋，他与弟弟提奥的关系算不算乱伦。

这些提问通常以此为开场白："我对您的演讲很感兴趣，感谢您。我曾在一本书中看到……"回答完这些问题，我喝完杯子里的水，不再将自己当成演讲者。听众整理自己的随身物件，讲座的组织者开始整理麦克风。在这有些躁动的时刻，通常会有两三个听众，耐心地等待合适的时机来向我提出“最后一个问题”。这些问题不是以“我曾在一本书中看过”为开头，而是以“您刚刚提到”为开头。

在那个时刻，这些问题开始向责难的方向发展。除非是用一种完美的修辞手法，否则没有一个问题不充满诘问的语气：“您真的认为梵高像您说的那样富裕吗？”“您不认为他的画作来源于他的苦难吗？”“您说他不是疯子，我有一个堂兄是边缘型人格，他完全就是这样的。您对边缘型人格的人感兴趣吗？”

长久以来，我一直认为人们在公众场合会感到不自在，他们一般会等待某个特殊事件引发的社会压力消退，再向演讲者发问。如今，我的想法改变了：那些在讲座结束后向我围过来的人需要离开公共领域，他们早就知道，针对他们内心所设定的梵高展开讨论会使他们感到不适，因为这属于隐秘和个人领域的谈话。无一例外地，他们只有在没有麦克风、讲台、灯光的情况下，直接面对我这个演讲者，才能开展与我的观点相冲突的争论。

很多梵高的倾慕者根据他们自己对这个画家的想法，做出了生活的选择。这些人中最突出的就是寻求认可的艺术家了，他们根据著名的三段论来行事：“梵高是如此的天才和革新者，他在生前无法得到理解。我也是个不被理解的革新者。因此，我对于同时代的人而言太过于天才了。”在这些创作者头脑中，梵高的怀才不遇让他们得到慰藉，让他们感到自己也拥有光宗耀祖的权利。如果告诉他们梵高在去世前已取得不俗的成就，梵高的艺术在他尚在人世之时便已受到很多专家的关注，就会扰乱构成这些人的社会地位、对智识的自信和情绪平衡的基本因素。这不是小事，依我看来，他们笃定地认为梵高在世时是失意的，并捍卫这种观点，再自然不过了。

其实，并非只有艺术家才会期待尘世的荣誉，揭开梵高经历的神秘面纱会让他们失望。梵高荣誉的三段论似乎也启发了那些放弃艺术创作的人，原因可能正如缪塞所言：“一言以蔽之，这些人中有四分之三认为梵高虽然早逝，但他同时也是一个幸免于难的人。”梵高的神话使人哀悼这个“英年早逝的诗人”，他们暗示要成为一个伟大的艺术家必须变成疯子、穷人和酒鬼。粉碎这些神话，也是粉碎那些不再创作的人的借口。

在意识到这些细微之处之前，我虽然从未能说服与我意见相左的人，但仍鼓起勇气大胆地捍卫我的立场。如今，我更偏向于尊重彼此的观点并承认我的观点也是主观的，因为我知道我跟他们一样都没有生活在梵高生活过的19世纪。因此，我回应他们，我的观点仅仅是一些虚实并重的线索，仅仅是一种启发，这些观点有可能是有道理的，没有人会把握事实的全部。这样的做法能起到安抚作用就足够了。

电影

作为梵高研究所的学术负责人，我审阅过一些合作提案。我的职责是审核我们研究所的合作伙伴的意图是否与历史真实契合。比如说，我们希望能避免如下情况：制作人想要利用梵高去世前居住的最后一个房间来传播明显错误的信息。由于各种各样的原因，我们或多或少地被大众认为是制造这些错误的“帮凶”。其中一个典型的案例是在瓦兹河畔奥维尔拍摄一个以拉乌客栈为背景的短片的计划。

短片的作者们发来了“尚未完稿”的剧本，虚心地询问我们的观点和建议，以便能改进提升。短片的目的是让“真实的文森特”重现在银幕上。可他们给我的印象却是，项目的负责人并不接受任何批评意见，而是希望从我们这里得到对他们的作品的有力和绝对的肯定。在这个案例中，事态变得复杂起来，这部名为《梵高》的短片剧本的第一页写着："梵高身着肮脏不堪和磨损破旧的衣服，在瓦兹河畔奥维尔的大街上魂不守舍地游荡着。"

从表面上看，这个场景似乎毫无争议，它与人们从梵高的信件或认识他的人提供的证据中发现的"真相"并没有什么出入。很显然，这个画家很少关注自己的外表。他因衣着不当常被人们理解为他经常遭遇困境、生活拮据。因而，"1890年，梵高在瓦兹河畔奥维尔度过他生命最后70天的时候衣衫褴褛、贫困窘迫"这个表述似乎没有什么值得惊讶的，也没有什么好辩解的。

然而，通过阅读他的书信，我们发现，大概在他职业生涯的开端，即1879年到1885年，他的衣着就不是很正常。梵高在比利时和荷兰时最开始是以传教士的身份，而后才是以艺术家身份生活的，他自愿地以平民的身份生活，几乎流落街头。他与自己出身的阶层，即国教徒和有产者阶层的联系日益疏离，自然催生了他与这个阶层之间的互不理解。这种误解最初的表现集中于他的着装。

他在27岁时的衣着，对作为一名还俗传教士和一个刻意假装贫穷的人是合适的。他绝不会穿成这样去迎接他那个对仪表很在意的牧师父亲。

之后，希望在海牙成为画工的梵高，在29岁的时候偶尔会接待一些来自他过去生活的阶层的人，这些人常带着成见怀疑他在底层人生活的街区能创造出什么杰作，在他们眼中，文森特的衣着是他失势和堕落的有力佐证。文森特以他惯常的讽刺语气请求对方原谅自己衣衫不整，他深沉的忧虑与这些人对外表的关注形成鲜明的对比。

再之后，这个向往到纽南[①]生活的农民画家，在31岁的时候，在纽南由于不修边幅被认出，关于他贫困潦倒的丑闻就在坊间流传开来。他的父母以及他们以艺术商、军官和有影响力的牧师为基础的势力庞大的社交网络，将梵高的叛逆装束解释为自愿混入底层的堕落以及对原生阶层的拒绝。梵高故意保持这样的穿着，或多或少是为了传递这样的信息："我与你们不一样，我们的价值观不一样。我的作为是聪明而进步的，你们的作为则愚蠢而保守。"

① 位于荷兰爱因霍芬东部的一个小镇，是梵高1883年到1885年短暂居住过的地方，他在这个时期创作的作品，多数在这个小镇完成。——译者注

通过衣着来表明心迹不是什么新鲜事。2010年左右，我在斯特拉斯堡大学任讲师的时候，经常看到有学生通过衣着来表达他们拒绝接近自己出身的阶层。一个学生以平民的标准来着装并不代表他真的出身低微。恰恰相反，穿得最为高雅和讲究的学生很可能经济状况不稳定。曾是梵高密友的画家保罗·高更[①]，就是后一种人。他身无长物，但常常盛装打扮，像富人一样昂首阔步，拄着做工精巧的圆头手杖，精心修剪他的胡子，一丝不苟地整理他的礼帽。

1886年，33岁的梵高在巴黎定居，在他的自画像中，他向世人展示他打着领带、戴着有产者们时兴的礼帽、身穿西服的造型。他曾故意营造的生活清苦的农民、工人和传教士形象从他的画布上消失了。也许是出于某些实际的原因，或是为了表现临摹的对象，他最多保留了一顶草帽或一件工作服。他是否已经融入蒙马特高地生活放纵的布波族[②]，穿着西服，戴着礼帽，在画架后的下流小酒馆虚度光阴？他是否斩断了与平民大众的联系，在首都的林荫大道上炫耀自己的富有？他在雅致的咖啡馆谈及艺术和文学作品的时候，开始无视那些生

① 保罗·高更（Paul Gauguin，1848—1903），法国画家，后印象派三杰，代表作有《黄色的基督》《游魂》《敬神节》等。——译者注

② bourgeois bohèmes，简称bobo，当代法国社会生活放纵的有产者。——译者注

活艰难的缝衣女工或常被侮辱、刁难的脚夫了吗？他的思想和眼光开始转向那更高端的艺术实体了吗？

是的。资产阶级是他的原生阶层，在这个阶层中，他游刃有余，融入其中不费吹灰之力。他曾选择游走于这个阶层的边缘，但他从未脱离这个阶层。他最多以社会游客的身份接近他创作的主题，虽然不时遭遇经济上的困难，但仍是如假包换的有产者。

随后，被人们称为“文森特先生”的他在34岁到37岁之间，先后在阿尔勒、普罗旺斯-圣雷米和奥维尔生活，无视人们对他发自内心的尊重。他的姿态正像是一个特立独行的人特有的。他怀念自己一直在观察但从未真正体验过的田园生活，他并非时时重视自己的外表。他那看上去会让一些体面的人意外甚至震惊的着装，一点儿也不能引起他的兴趣。

在19世纪，户外作画是有产者才能享受的娱乐。人们却不愿意相信这一定论对梵高而言同样有效。

不幸的是，人们忽略了这个真相。对于那些目睹梵高终日穿着工作服忙碌，搬运画架、颜料瓶、小木桩、卷好的或散开的画布、用于量度的透视画框的人而言，这个有产者，这个说话大声和顶着一头红棕色头发的外地人，他的行为让人难以理解，他简直就是彻头彻脑的疯子。

在瓦兹河畔奥维尔，由于多日的行走和过度的劳作，梵高回家时可能身上满是泥浆。他也有可能为了避免被可怕的寂静吞噬而在公众场合大喊大叫，他还可能会调戏一下城里的小姐，或是试图引诱那些乡村的姑娘。

他花钱如流水，经常入不敷出。这不能阻止他适应加歇医生彬彬有礼的举止，适应拉乌客栈主人的正直，适应他曾为之绘制过肖像的儿童的纯真，适应那些在田野耕作的直截了当的人们。这一切浑然天成。因为他就是一个怪诞的、不合群的、不被理解的、绝望的家伙。

历史的记忆似乎只呈现了梵高生命中生硬的一面。那些没有争吵的日子、远离世人的日子——那才是他生命中最长的日子，被人们选择性地遗忘，然而这些时光恰恰是他社会生活的主要组成部分。

一部企图展示“真实的梵高”的短片，不应该通过展示一个性格乖张的、身上满是泥浆的、明显受过折磨的人物来达到目的。梵高从来都无意于展示他未曾经历过的贫困，也不想展示他从未遭遇过的拮据。他特立独行吗？是的。他与他出身的阶层有差距吗？肯定有。但他会毫无缘故地让自己看上去肮脏不堪，毫无目的、没有来由地茫然游走吗？肯定不会。

冲突

镜头下的梵高总带着一种发自内心的惶恐不安，这是电影制作人向公众展示这个画家时最常用的伎俩。这种做法剥夺了他自我辩护的自由。这些作品呈现的梵高，不是历史上的梵高，而是人们记忆里的梵高，是已经在广泛流传的、脱离常规的错误观点造就的梵高。

对于那些促成上述错误观点的人而言，这些营造梵高个人神话的误解肯定包含着某些真相。这些不断被再创造的真相可能精彩纷呈。人们创作了不计其数的书籍和电影，讲述他们想象中的、夸张的、与事实相去甚远却抓人眼球的梵高的故事。它们的真实性不该由我来评判。一些关于梵高的故事或多或少受灵感启发，或多或少有文献依据，或多或少是美好动人的文本，但没有一个文本真正尝试以客观的角度切入。

站在梵高研究所的立场，我们鼓励围绕这位画家生平和作品展开一切形式的历史思考。但我们从不认同无法证实或完全骗人的假设。另外，一上来就把梵高塑造成一个可怜的穷人，极力渲染他生前的拮据与他死后画作所获得的经济上的成功的极端差异（这也有可能是不自觉的），这是意识形态上的选择。这种做法就是在证明我们的天才画家是一个在充溢着金钱、贪婪、满足于即时欲望的社会中的无辜受害者。将梵高捧作圣人，但却是一个被排斥和蔑视的圣人，一个以追逐利益为永恒逻辑的机体中的寄生虫，这是在宣传一种信念：金钱（一种可怕的事物）几乎不值得成为文化中的必然的邪恶，但所有自重的天才必须与之保持距离。艺术家不应该关注这个不祥的因素，他们一旦被金钱包裹，就将失去创作的能力。

一部短片一开始就强调一个其实并不贫困的人的困苦生活，这样做就不只是解释自由的问题了，还是以自由为名事无巨细地提炼细节的集体歇斯底里症，这不符合一个在画作中勾勒鲜花和繁星、懂得与全世界和谐相处的天才画家的遭遇。

由于上述种种原因，我们拒绝了那个拍摄《梵高》短片的合作项目，也拒绝了很大一部分类似的合作提案。

梵高有社交问题，是因为他生活在社会之中；他有艺术问题，是因为他是个艺术家；他有金钱方面的问题，是因为他有钱。

欧内斯特与文森特

（1887年7月，在巴黎。）

喝酒时，第一杯酒是一种仪式——作为喝酒步骤的第一步不可避免的后果，也是第一次吸入充满烟草、汗水和脏水水蒸气的呛鼻空气的必然结果。第二杯酒才开始有点味道，这杯酒滋润喉咙、缓解口渴，使人忘记周遭的恶臭和嘈杂。第三杯酒决定事态的后续发展，不喝这杯酒，还是慢慢细品，打开一个出口，或者像第二杯那样一饮而尽，舍弃一部分理性，唤醒时常处于沉睡状态的一部分灵魂，让萦绕的朦胧愿望淹没在一堆事情中。运气好的话，人们能潜入自己钟爱的那片海洋，而不是真正意义上的海洋，刚好能让人勉强生存的沙漠将留给那些满足于沙漠的人。第三杯酒使有所保留的人离开，同时阻止了一切对于中期愿景有规划的人，但有利于伟大的思想和狭小的区域。这杯酒使无法想象的梦境出现并伴随着短暂的懊恼，这杯酒使未来的意识消失并拥抱遥远的过去。

欧内斯特是一个年轻的画家，他在巴黎遇到了一个从家乡弗朗什–孔泰[①]离开后便未曾见过的同学。他独自咽下三杯酒。第四杯酒，他一饮而尽。欧内斯特很热，感到口渴。他怀里揣着20法郎，对那些自命不凡的人感到不齿。

欧内斯特的成功看起来理所当然。他父亲为了让欧内斯特能在首都崭露头角，将一部分土地赠予了他。欧内斯特的公证人熟知艺术，与他的母亲交好，认为他有成功的潜力。

与欧内斯特同桌共饮的人，肥胖高大。之前一场严重的疫症，带走了这个人所在的村庄一半人的生命。这个人孤苦伶仃、冷酷无情、迟钝、无拘无束、有风险意识，因从事保险业务而发财致富，习惯性地认为上流社会是自己成功的关键。

① 弗朗什–孔泰（Franche-Comté）位于法国东部，与瑞士接壤。——译者注

他们谈论油画，也聊其他一些再普通不过的事情。对于欧内斯特而言，没有比这更痛苦的事了。可对他那个像乐队指挥一样指手画脚的朋友而言，这是人与人之间交流的基本。

友人：“布格罗[1]是个庸才！他没有感情，没有技巧，他的创作看起来就像是数学公式一样的编排，而非艺术品！我更喜欢热罗姆[2]，我还有一幅梅索尼埃[3]的画！我们可以在这幅画中体会到画家的风格和手法。”

欧内斯特：“废话。你不知道自己在说些什么。我怀疑你从未拿起过画笔。”

友人：“什么？你呢？你认为你这么乱涂乱画，就能给艺术收藏家上课了吗？”

欧内斯特：“不，根本不是这样的。但你跟我讲某幅画作的技巧与创作……我不同意你的看法。在谈论之前要先感受，什么都体会不到的时候就得闭嘴。还有，如果要在技巧上表态的话，先要体验画家的风格。好

① 威廉－阿道夫·布格罗（William-Adolphe Bouguereau，1825—1905），法国画家，代表作为《殉道者的凯旋》《年轻的牧羊女》等。——译者注

② 让－莱昂·热罗姆（Jean-Léon Gérôme，1824—1904），法国画家，代表作为《斗鸡》。——译者注

③ 让－路易－欧内斯特·梅索尼埃（Jean-Louis-Ernest Meissonier，1815—1891），法国画家，代表作为《1814年出征法国》。——译者注

吧，这只是我个人的观点。你看我，衣衫褴褛，头发油腻。我这样的人说出来的意见会有人重视吗？”

友人：“啊！你知道，我有巴黎最美的艺术品，人们从四面八方赶来欣赏我的收藏！而且他们只能远远地观赏！”

欧内斯特：“你什么都体会不到，你什么都不知道。你一字一句地重复《费加罗报》上的那些陈腔滥调。你就像我姐姐买花边一样买油画。我不想表现得太粗鲁，我的朋友，我的好朋友……但艺术与你说的不是一回事。我觉得你跟我谈论股市行情会更好，你就把艺术放在一边吧。我有跟你讲过股市行情吗？”

友人：“好吧！和好吧！啊！”

欧内斯特的朋友擦干净嘴和眼镜之后，仰脸抬起鼻子，将手撑在桌上，站起来，在很长时间的缄默后，坚定地发动他的头、手臂、肚子和脚，走向大门。

这位朋友在烟雾和嘈杂声中离去后，酒吧里的一个戴着毡帽、打着完美领结的常客，坐到那个不欢而散的人坐过的座位上，靠近欧内斯特，并将自己的酒杯放在桌上。

路人：“您说得对。您的朋友根本就不懂艺术。一点儿都不懂。”

欧内斯特：“他不是我的朋友。他只是一个我10年没见过的人。他来自我的故乡。”

路人：“啊，那您之后不会再见那个人了。他是银行家？”

欧内斯特：“保险商。”

路人：“都一样！”

那一天以一场酒会开始，以另一场酒会结束。欧内斯特已在一张白纸前度过了几个小时，苦思冥想如何在上面添加笔画。

数杯酒下肚后，另一场酒会开始。由喧闹的酒吧、忧伤的女人和一轮又一轮的苦艾酒构成的无尽夜晚就这样开启了。

欧内斯特：“您对艺术在行吗？”

路人：“一点点吧，您呢？”

欧内斯特：“我画画的。”

路人：“艺术家！啊！您这样是要去哪里？”

欧内斯特：“您觉得呢？”

路人："您和您的艺术能走到哪里？您相信世人需要艺术家吗？"

欧内斯特："您这样说就有点无理了。刚刚那个人是这样，现在您也这样！我跟您说……"

欧内斯特又喝了一大口酒，将手肘稳固地撑在桌子上。他握着的双手，不安地随着嗫嚅的嘴唇的节奏动来动去，他的眼神闪烁不定。

欧内斯特："我跟您讲吧。是的，先生！世人需要艺术家！艺术家是社会的眼睛、手和内心。没有了艺术家，我们就成了聋子、哑巴、独臂、瘸子、瞎子！艺术带来高雅、文明，衍生高尚的价值观！我们需要人性，先生，我们需要参照物，需要深度！您相信吗？有谁可以在没有艺术的世界中生活？"

路人："哦，好吧，您不是偶然地来到新雅典[①]这里的吧？您来巴黎多久了？"

欧内斯特："什么？问这个做什么？"

路人："多久了，一个星期？"

欧内斯特："3个月了，先生。3个月。"

① 两人当时所在的酒吧。——译者注

戴着毡帽的男人喝完手中的酒，又叫了两杯新的酒，伸了个懒腰。

路人：“您来这里才3个星期，就已经理解什么是艺术了？艺术能带给您什么呢？荣誉吗？”

欧内斯特：“不是的，先生，我来这里3个月了，我在来之前就是画家了。我不需要别人给我解释什么是油画。我唯独缺少的东西，是有眼光的艺术爱好者、买家、商人！”

路人：“您可以在一家咖啡馆展示您的画……您知道，咖啡馆到处都有，别人在那里能看到您的画作。”

欧内斯特：“啊！不！这是集团和公司做的。我不善应酬。”

路人：“我擅长。您给我看一下您的画，我来操作。”

欧内斯特：“您？”

路人：“是的，我。我已经在不少咖啡馆办过展览。”

欧内斯特：“您吗？”

路人：“是的，我也算是个画家吧。让我跟您讲一下我的经历。在巴黎，艺术对于我这样一个药店老板的儿子而言是奢侈品，几年来我只画了一些粗劣的画作，我没有什么优势，也没有什么天赋，后来被叫回外省与表亲结婚，继承父亲的店铺。这是安然度过第一年画家生涯的前提……要当心酒精和女人，这些毫无价值的东西。您想从事艺术行业？去学习，去冒险，拼上一切赌注，并随时准备好一去不返。”

欧内斯特：“您是有身份的人。我完全不认识您……我嘛，先生，我画一些……一些能表达某种思想的油画！您看到的是树，我看到的是风景。您看到的是乞丐，在我眼中却是大师之作！您画些什么呢？”

路人：“这段时间吗？画花。”

欧内斯特：“花！画花是艺术课程的内容之一。您认为这些花是艺术吗？”

路人：“它们可以是艺术，因为它们的颜色值得深究……”

欧内斯特：“这不是废话吗？！您不会走得太远的。要做一个成功的画家需要有想法。我，我知道我的艺术已经上道了！我昨天卖出了两幅画作，买家是一些理解我的艺术爱好者。”

路人：“哦，恭喜您！画的什么呢？”

欧内斯特："丘陵和磨坊的景观。还有热情似火的夜景。"

路人："有人物吗？"

欧内斯特："不，没有人物。我不喜欢人物。人物会扰乱画面的和谐，让人们停下摆姿势也不是容易的事。"

路人："好吧，如果您真的卖出去了，确实……"

两个男人之间的对话停止了，他们明白两人再也无须交流。戴着毡帽的男人将脸转向右边，泰然地抽烟；而欧内斯特，依然热血沸腾，转向左边，重新拿起白纸一遍遍抚摸。他望向远方，两眼无神。

（稍晚的时间，还是在新雅典酒吧。）

“那么，祝健康！”

“好，好的！我的胃恢复往日的状态了，但我要避免摄入酒精和脂肪。我喝一点科涅克白兰地酒吧，那个没关系。”

“啊！”

这个初来乍到、与画家讨论画花朵的男子，看上去像一个浪子回头的花花公子，他的身上混杂着悲惨与高级、粗糙和精巧这些矛盾的元素。他戴着略带污渍的白手套，拄着圆头象牙拐杖，穿着绣有模糊东方样式几何图案的破旧深色斗篷，胡子被精心修剪成有些过时的样式，戴着应该是来自新大陆的帽子。

高更：“我要跟您聊一下您的兄弟。我想给他提一个建议。”

文森特：“我相信他一定会听您的建议！我们很喜欢您的作品，您是一个伟大的画家。我每天无时无刻不在想您那幅《黑女人画像》。每一天都是如此。”

高更：“我想应该把我们的作品与银行联系起来。您知道，我的作品！我认识一些银行家，与他们有些交情。”

文森特：“呵！银行家！您不要相信他们！”

高更：“文森特，听我说，如果一个银行家愿意将钱投资到我们的画作而不是股票上，我们就有机会成功。”

文森特：“废话。届时将是银行家赚大钱。他有这个时间，您没有。我的作品暂且不提，但您的画作是高雅的诗篇，它们应该攀登更高的层次。不要出卖您的艺术，您会破坏它，继而毁了自己。银行家只知道投资，他们的所作所为让艺术杰作被遗忘、消失，他们不知道怎样保护那些为了取得价值而必须存活下去的作品的生命。”

高更："文森特，您是最坏的那种空想家，因为您让自己的幻想变得理性化。之后……您有兄弟，您可以让他做。"

文森特："是的，我常把自己置于危险之中，我已经这样做3次了。但这样做还是很危险！您希望您的银行家保护您的安全，但处于被保护的环境中的艺术家是创作不出最好的作品的，优秀的画作在大自然中、在狂风中、在暴风雨中横空出世！坚持啊，高更，我和我的兄弟支持您。您的银行家的一切做法都只是空想。他们对艺术一窍不通，对艺术市场知之甚少。假如他们懂得什么是艺术的话，他们还是银行家吗？您也一样！假如您有朝一日知道市场怎样运作的话，您将不再是个画家！"

高更："啐！您是来自荷兰的小资产阶级，我原谅您并不理解您所游历的这个国家（法国）的精神。在法国，一切皆有可能，在巴黎尤其如此。所有事情都这样。但光做梦是不够的，您也要工作，要畅想未来，要实践！"

文森特："您不用担心，我亲爱的朋友，我在工作，比您想象的更努力地工作。"

人们总是偏向于忘却他们喝的最后一杯酒，通常他们自己也不会去记住。这最后一杯酒是与理性最后的对抗。但理性早在人们咽下第一口酒时就被丢弃了，两者抗衡的结果多少有些令人气馁。因此，人们总是无法将最后一杯酒一饮而尽。如果人们无法喝完这杯酒，第二天通常预示着某种艰难。在巴黎，从1886年到1888年，文森特鲜少喝完最后一杯酒。

有关艺术的故事

像所有“艺术史”一样，此前我写的东西显然是虚构的。假如诚信支配着这个世界的话，那么我们理应写下“艺术的故事”或是“讲述故事的艺术”[1]。

虚构通常无视和否定证据。虚构的故事使这种无视和否定看上去婉约动人，人们常对虚构通过何种媒介促使大学堂[2]的教席诞生产生疑问。艺术史仅仅是一种自由的文学手法，从科学、知识、方法以及想象中获得灵感，能产生一种不断涌动的文化气泡。

---

① 这里作者玩了一个文字游戏，histoire在法语里既有历史又有故事的意思。——译者注

② 这里的大学堂指前言提及的存放信息介质的场所。——译者注

正因如此，如果人们寻求真相的话，没有比写一种自由的传记更可靠的办法了：一个作品从某些作品中脱颖而出，作为载体，为成千上万的梦打开成千上万扇窗，这个作品能让自己不受无数可怕和无用的页脚注释的困扰，这些注释会转化为难以被理解的长期的精神苦难。我不否认这些东西可能有用。[①]但通常，它们没有用。

这就是为什么只有以自由传记的方法我才敢写下本书来交代我对这些问题的思考。在我看来，重现梵高和高更之间的对话，比起在一种可怕的方法论的帮助下猜测那些无法证实的影响到底来自这幅画作还是那幅画作更加可靠。只要人们无法真正接近逝者的情感、记忆和生理信息，他们就不能断定逝去画家的作品的绝对真相。让逝者留在他们的所在之处吧，让我们为他们已然点亮的火光再添加些柴火。这样的场景更有价值。

这本书旨在揭开文森特·梵高的生活和作品中最不为人知和最令人生厌的一点——他与金钱、工作和艺术市场的关系。我要重申，书中这些纷繁的叙事线中的所有内容都是虚构的——从这个意义上来说，每个人都

---

① 在大学堂，谈话空洞与否是用注释来衡量的。参看：Beth Gikobi-Wels, “Milieux définitoires: animation et transgressions”, *Cahiers du Tapis*, vol. 3（1998）：56-83.

能自由地表达自己对其真实性的评价。而我的研究仅是在整理一些散乱的、不完整的文件以及画家的书信和作品的基础上展开的，以此讲述一些看起来没头没尾的故事，但这些故事会让那些认为梵高贫穷且对金钱不屑一顾的人们感到意外。实际上，梵高并非如此，他对金钱和成功着迷不已。更让人意想不到的是，梵高还是一个金融投资的天才。这个有远见卓识的人通过劳动寻求成功之道，但他对赚大钱兴趣不大，因为在他看来，富有是懒惰和平庸的起源。

格鲁特-津德尔特

人们常常读到这样的信息：文森特・梵高出生在北布拉班特的一个叫格鲁特-津德尔特[1]的小村庄里。这段对他出身的描述简直是无稽之谈。为什么要写他出生在一个小村庄呢？大概是要配合这个作品征服了全世界的男人贫寒的出身，而他如果出生在一个像伯利恒[2]的牲畜棚一样的地方就再合适不过了。贫寒的出身可以为他的荣誉增添光彩，因为这样的出身延长了他登上顶峰的社会路径。既然他已经高不可攀，那么就将他的起点设得更低吧。

在1853年，格鲁特-津德尔特住着几千名居

① 格鲁特-津德尔特，现为荷兰北布拉班特省（Noord Brabant）的一个城镇。——译者注

② 伯利恒，犹太教、基督教"圣地"之一，位于耶路撒冷以南，基督教认为该地是耶稣的出生地。——译者注

民。文森特·梵高的父亲西奥杜鲁斯是这里的牧师，他所在社区的新教徒数量不多，刚刚一百人。跟大部分布拉班特人一样，格鲁特-津德尔特绝大多数居民是天主教徒。西奥杜鲁斯的两个兄弟是艺术商人，分别在海牙和阿姆斯特丹过着相当富足的生活，他还有个兄弟是上将。文森特出身于这样一个受人敬重又体面的新教中产阶级家庭。

总之，文森特出生在小镇上的中产阶级家庭，而不是小村庄。他的家也不是什么牲畜棚，而是一栋与他父亲的财力匹配的豪宅。为他的家人服务的有女管家、园丁、厨师和女仆。牧师过着粗茶淡饭的生活，谨遵加尔文教义所主张的节制和简朴，没有过分的奢侈。根据教义，在生命的此岸，信徒要在自己身后留下比自己出生时获得的更肥美、更肥沃的土地。在加尔文教义中，通过自己的聪明才干为信徒共有的财产添砖加瓦是被推崇的。然而，在末日审判来临之际，逝者的行为而非财产才是评判的标准：金钱只是一种手段，像人们用于提高土地肥力的肥料一样，必要、有用但肮脏。因此在死亡之前最好清理自己的财产——通过谨慎的投资让后代传承神的意志在世间取得的成果。

加尔文主义是矛盾的，这个矛盾的理论核心是强调信众获得财富上的成功。人们应该勤勉工作，从而致富，但不应该允许自己享乐或是爱慕金钱，因为贪图享乐是低贱、可疑的行为。人们要做的是完成使命，也就是上帝交托给以撒的使命。对于加尔文主义者来说，他们就是以撒，他们是独一无二的天选之子，准备好奉献和牺牲，准备好担负重大的责任——这个责任要求他们成为典范。

在所有事业失败的人、所有制度的受害者、所有惨败的人、所有被忽视的艺术家中脱颖而出的杰出人物正是我们未来的画家——文森特，他是小资产阶级在微缩世界中结出的奇异果实，他怀有使命感，决心完成丰富精神世界和物质世界的重任，他刻意不卖弄自己的成功，鼓励人们超越自己，将取得的成就留给后来人。在这种意义之下，梵高与其说是圣安东尼这样的伟人，不如说是加尔文主义的坚定拥护者，他不积聚财富，但通过作画获得利益，他向后代传递新的知识，通过挥洒汗水把世界变得比之前更美丽、更繁荣。

为了取得这种成就，他深入地了解他所处时代的艺术市场，利用无可匹敌的洞察力、思考力打开了通向未来之路的门。

艺术与空白

人们有时会在其他著作中读到，文森特在1869年到1876年是个艺术商人。我本可以在此写下注释，列举出一系列探讨过这个“无可争议”的事实的著作，其中也包括我为梵高所写的书。但直到最近我才发现，这个天才画家从未从事过这一职业。

文森特的一生因不同的职业被分成三个部分：艺术商人、传教士、画家。这是具有迷惑性的简化的“事实”。实际上，他一直毫不妥协地忠于唯一的一种职业，一种对他人有用、对社会有助益、能负担他的开销、只有成功才能实现的职业。

梵高是个艺术商人，这是人们渴望听到的、

带有圣经式叙事色彩的主要观点。将文森特定性为艺术商人，正如教堂的商人大胆地站出来任人排挤一样高尚。这种对他漂泊不定的成功之路的描述让人产生了一种印象，这种印象正是先验性地拒绝还原事实本质的建构。当然，这个未来的艺术家也售卖艺术品，他靠着这一业务度过了多年的时间。但售卖艺术品不是他的职业选择。确切地说，这是他在家庭压力之下做出的选择。其实，这根本不是一种选择。选择，应该是有选项的。然而，这些选项可能根本无从决定。对梵高身边的人而言，成为一个声名远播的画廊的学徒是一条康庄大道。这个机会是为这个受过良好教育、有语言天赋的年轻男子量身定做的：他不惧艰苦的工作，对艺术怀有发自内心的热忱。

因而，成为画廊学徒并不是文森特的选择，获得这份工作并非出于他在艺术界的成就。实际上，他依靠家人的关系才找到自己的第一份工作：他在海牙画廊的工作就是在家人的关照下获得的。这个画廊在此之前被他叔叔转让给巴黎的艺术品贸易和出版商古比尔公司。对于文森特而言，“艺术商人”更像是一个机会而不是一个职业。

在文森特职业生涯中，“艺术商人”这个角色有点被美化了。他没有决策权，没有计划，而且不擅长策略，从事这项工作时也不用承担风险，这并不是他立志要一生从事的事业。

人们不会想到，一个人从普通会计爬上保险公司会计主管头把交椅的位置，他这项工作的本质仍然是会计而非风险评估（所以这个人不能被称为商人）。然而这正是文森特当时的经历，因为他仅仅是个雇员而非艺术商人，他的人生道路偏离了人们耳熟能详的轨道。

在他的童年，文森特多次表现出他无法容忍任何已建立的秩序。按他母亲的说法，他是一个性格怪异、难相处、倔强的男孩。在他16岁的时候，家人将他送去古比尔公司做学徒，希望他能知晓人情世故。一份职业和现实的考验，不管他是否愿意，都可以让他走向社会。

这种放弃学校教育的“教育策略”是要付出代价的。最初几年，离开老师和父母监管的文森特，在学徒生活中发现了看起来无穷无尽的快乐源泉。在这个享有盛名的企业中，未来的画家在这几年中丰富了人生，变得有条理和理智，画廊的工作完全符合他的兴趣。他向来只按自己的意愿行事，骨子里透着反叛，这时只能庆幸自己的命运——只要他还未耗尽命运的恩赐。

文森特无法按捺自己的好奇心。他工作的力量和激情无边无垠。然而，古比尔公司的营销策略有一定的局限。文森特后来开始对此感到厌倦，希望转投其他行业，叛逆之心日益增长。古比尔公司在社会上的目标是售卖艺术品，而不是捍卫艺术。

由此，在前途似锦的职业生涯开启之后，文森特对他的工作的专注开始被明显的不屑态度取代。他在内心深处感觉到另一种命运正向他张开双手。作为虔诚教徒的他希望为上帝服务，让世界变得更好，而不是做一个简单的、无知的画廊管理者。

他对宗教的狂热越来越强烈，将所有与信仰无关的事务都置之脑后。在工作之余，他会阅读他一直希望能背诵的《圣经》，他还定期参加弥撒、祷告和冥想。

在雇员这个职位上，让他感到遗憾的是，他必须捍卫并非出自他本意的选择和策略。公司提供的产品让他绝望，客户的品位让他心灰意冷，而他不可能改变这些事态的走向。最终他变得意兴阑珊，决意改变职业规划。他曾想过转行做传教士，因为他发现在商业中最缺乏而又最应该实践的是强烈的信仰和意念。

实际上，艺术品交易没有对他造成任何困扰。他从不讨厌这种商业形式。但作为画廊雇员的他，对如何定位自己的职业感到迷惘，尤其自小受加尔文教义熏陶的他如何将这一职业置于他曾学习到的爱的观念之下，即如何有益于社会、有益于全人类，这让他无所适从。

他在古比尔公司的经历对他未来的经历而言是有益处的。文森特带着他那强大的独立精神、源源不断的好奇心和对世界的开放包容，在当学徒的7年时间里面，在与数千幅经他操作、挑选的作品的接触过程中，提升了见识，拓展了喜好——可能仅仅是通过临摹的方式。通过自身的品味与职业习惯，他对曾过目的作品培养出一种精确似摄影技术的记忆，成为一个敏锐的行家。

他对古比尔公司的不满还包括他发现这家公司报出的价格存在不公平的现象。他看到公司将难以估价的作品以贵得吓人的价格卖给无知的人却无力反抗。他也看到一些他认为有极大价值的作品被束之高阁。

对这些不公平买卖的愤慨促使他去思考艺术品市场的运行机制。他看见大众的品位如何在过去得到提升，他也相信大众品位会继续提升。他明白，他应该在这些才艺精湛的在世艺术家的作品上投资，等待这些作品的价格上浮到与它们应有的价值相符的水平之上，他认为应该以低廉的价格卖出画作的复制品以推广这些艺术家与他们的作品。

然而，在实际操作中，他没有野心也没有策略去实现他的想法，他不是艺术商人，也没想过变成其中一员。

古比尔公司在梵高离职之际对他的服务表示感谢，祝愿他之后一切顺遂。梵高对此没有抱怨。他的目标，他唯一萦绕在脑海中的念头是为基督服务，自我献身，以及抚慰痛苦的心灵。

艺术家职业的终结

深陷于误解中的当代艺术家是受害者，但并不总是无辜的。

一些人把梵高看作是喜欢穿奇装异服的人，他有着与现实脱节的态度，有着学究气和不合群的行为——他在精神失常的状况下举办画展，没有来由地发怒和大喊大叫，经常偏爱那些大为逊色的复制品。另一些人则认为，他是一个贫苦的劣等公民，神态犹如丧家之犬，沾染了酗酒或嗜毒的习惯，头发乱糟糟，面色灰白，顶着深深的黑眼圈，指甲发黑，备受困惑折磨且爱记仇。所有人都认可的是，他是一个极端敏感、难以接触的外乡人，由于他的忘我被众人欣赏，人们因此容忍他的不合群。他由此大胆、勇敢地诠释自我，在他看来，自我是人类灵魂未经雕琢的部分，其他人则更倾向于将这一部分束之高阁。

因此，他用自身提供的反面教材来作陪衬。他反衬的是保守人士，从而为那些伟大的空想家提供珍贵的人物参照。从这个意义上来讲，在世的艺术家发挥着社会支柱的功能，他将各个领域的爱好者联结在一起，人们因他带有冒险色彩的奇特命运而相互认识。作为艺术家，就是置身于危险之中。作为艺术家，就要摆脱一般的社会行为准则，这些准则仅适用于被圈养起来的两脚牲口。作为艺术家，必须要赤裸裸地面对艺术创造中深层的本质。这就是为什么甘斯布[1]和波洛克[2]终日酗酒，克鲁什[3]染上毒瘾，艾米·怀恩豪斯[4]以悲剧的方式结束一生。这些艺术家的人生像解剖图一样被孤立于一切的边缘，同时被最大限度地暴露在人前。他们正是出于对生活的极致反抗，使用艺术这一原始方法去迫使所谓的

---

① 塞尔日·甘斯布（Serge Gainsbourg，1928—1991），法国音乐家、作曲家。——译者注

② 杰克逊·波洛克（Jackson Pollock，1912—1956），美国画家，抽象表现主义绘画大师。——译者注

③ 米歇尔·克鲁什（Michel Coluche，1944—1986），法国著名幽默家、喜剧演员。——译者注

④ 艾米·怀恩豪斯（Amy Winehouse，1983—2011），英国女歌手。——译者注

“大众”对他们产生尊重。

假如一个艺术家慢条斯理地进行实践，无须挣扎便能每个月卖出一两幅作品，穿42.5码的鞋子，开小汽车，他的孩子每周一和周四都能在饭堂固定用餐，那么他就不会那么认真严肃地对待艺术这件事。当代的艺术家应当对成功无法容忍，并热衷于经历痛苦的失败，因为人只有在极端的社会环境中才会对艺术产生认知。所谓极端的社会环境包括贫穷、不合群、疯狂、感情丰沛、巨富，最完美的艺术家的人生同时具备这几个方面。

所有人都知道只有付出心血、汗水、泪水才能创造出优秀作品，那些被世人喜爱的作品总带着某种特殊的情感。在罗丹博物馆[①]，人们欣赏奥古斯特的青铜像和大理石雕塑，没有什么比这样的作品更能诠释一个满是泪痕、哆哆嗦嗦、身无分文，由于无法给工作室供暖而必须用自己的身体给作品取暖避免它们开裂的大师了。这些正是动人心弦之处，正是对比鲜明之处。这个场景说明，罗丹没有被他同时代的没有艺术欣赏力的野蛮人所理解。这种不被同时代的人所理解的痛苦催生了一百多

① 巴黎罗丹博物馆，开放于1919年，收藏有大量罗丹的作品，包括罗丹的图书、信件和手稿。奥古斯特·罗丹（Auguste Rodin，1840—1917），法国雕塑家，代表作为《思想者》。——译者注

年后震撼公众内心的作品。

在经济方面非常成功的艺术家的例子有很多，这些例子都很有说服力，博斯[1]、列奥纳多[2]、伦勃朗[3]、鲁本斯[4]、库尔贝[5]、莫奈[6]、毕加索[7]、达利[8]和沃霍尔[9]，都是非同凡响的商人。而维米尔[10]、苏丁[11]、梵高、高更、

---

① 耶罗尼米斯·博斯（Hieronymus Bosch，1450—1516），尼德兰画家，代表作为《地狱之光》。——译者注

② 列奥纳多·迪·皮耶罗·达·芬奇（Leonardo di ser Piero da Vinci，1452—1519），意大利著名艺术家、科学家，与拉斐尔、米开朗琪罗并称意大利“文艺复兴后三杰”。——译者注

③ 伦勃朗·哈尔曼松·凡·莱因（Rembrandt Harmensz van Rijn，1606—1669），荷兰画家，代表作为《木匠家庭》《夜巡》。——译者注

④ 彼得·保罗·鲁本斯（Peter Paul Rubens，1577—1640），佛兰德斯画家，代表作为《阿玛戎之战》。——译者注

⑤ 让－德西雷－古斯塔夫·库尔贝（Jean-Désiré-Gustave Courbet，1819—1877），法国现实主义画家，现实主义艺术运动的领导人，写实主义美术的代表，代表作为《碎石工》（“二战”期间被毁）和《奥尔南的葬礼》《弗拉基的农民》《画室》。——译者注

⑥ 克劳德·莫奈（Claude Monet，1840—1926），法国画家，印象派代表人物，代表作为《日出·印象》《睡莲》。——译者注

⑦ 巴勃罗·毕加索（Pablo Picasso，1881—1973），西班牙画家，现代艺术的创始人，西方现代派绘画的主要代表人物，代表作为《格尔尼卡》《和平鸽》。——译者注

⑧ 萨尔瓦多·达利（Salvador Dali，1904—1989），西班牙画家，代表作为《记忆的永恒》。——译者注

⑨ 安迪·沃霍尔（Andy Warhol，1928—1987），美国艺术家，波普艺术代表人物，代表作为《帝国大厦》。——译者注

⑩ 约翰内斯·维米尔（Johannes Vermeer，1632—1675），荷兰风俗画家，代表作有《戴珍珠耳环的少女》《花边女工》等。——译者注

⑪ 柴姆·苏丁（Chaim Soutine，1894—1943），法国画家，代表作为《唱诗班的儿童》。——译者注

克洛岱尔[1]、席勒[2]、莫蒂里安尼[3]则在大众的印象中成为反面教材。创作杰作的伟人忍受他们的天赋带来的痛苦，天赋在他们身上变成不幸、残疾和性病，他们以一种跟他们死后的成名程度成正比的勇气背负着沉重的十字架。

历史已经注意到这个看起来极度不公正的悖论，现今正致力澄清这些悖论。为什么没有人去陪伴梵高，为什么没有人为克洛岱尔带去一点陶土？我们有资格欣赏那些过去曾被我们轻视的艺术吗？我们的博物馆难道不是我们的羞耻的纪念地吗？

如今，违背市场逻辑的多而杂的公共或私人艺术资助，是对这些质疑的回应。然而同样地，由于艺术家人数过多，当代艺术创作的病态现象也出现了。一个艺术家终究可以以作画为生，还有多少人永远都无法实现这一目标？

在经济低迷的情况下，国家、地区和市镇的当代艺术中心保存着海量艺术品的意义是什么？积存这些让人

---

① 卡米耶·克洛岱尔（Camille Claudel，1864—1943），法国雕塑家，代表作为《冥思》。——译者注

② 埃贡·席勒（Egon Schiele，1890—1918），奥地利画家，代表作为《斜卧的女人》《干洗房》。——译者注

③ 阿美迪欧·莫蒂里安尼（Amedeo Modigliani，1884—1920）意大利画家、雕塑家，代表作为《围红围巾的珍妮》。——译者注

印象深刻的、神圣化的、需要源源不断的资金维护的艺术品的价值是什么？我们的子孙会如何处理这些装置、雕塑和油画？这些艺术品从诞生伊始就具有“审问空间”“提出无穷尽的行为观念”或者“使声音的时间性可视”的功能吗？

艺术品泛滥的情况自然而然地震惊了大批公众。但人们要警惕不要在一片混沌中提出质疑。敢于质疑当代艺术经济的人，很快被那些资助艺术创作的好心人、没有教养的平庸的人、迟钝和法西斯主义的野蛮人证明是正确的。因为，根据那些以用别人的金钱来培植文化为业的人的观点，不鼓励对艺术创作的资助就相当于千方百计阻碍现代“梵高们”的出现。

因此，那些由文化部而非文明部资助艺术的开化国度，质疑对当代艺术进行公众资助的合理性，认为那是彻头彻尾的野蛮行为。税收应该被用于创造美好的事物。可惜，文化事业的经费被公共部门和慈善机构占用。可惜，人们忘记作品的速度与作品生产的速度一样快，作品被创作出来鲜有人能欣赏。可惜，过去前途似锦的艺术家，这些年龄大约20岁的叛逆者，最终大量地任职于某些协会，被迫失业，陷入迷惘的不幸，被平庸的独裁者所愚弄。

我们已经看见，在过去的数十年间，没有基于任何现实需求的创作和不涉及公共领域、没有目标的项目出乎意料地繁荣发展，它们仅仅依靠地方财政的支持便能存活。这些由于无知和无力的乱伦之爱而诞生的存活率低下的早产儿，最终一点一滴聚集起来组成一个用于生产庸才的大型机器。

负责运行这个机器的政治决策者对金钱这个丑恶的词语从来都避而不谈，他们只谈论预算。最常见的情况是，他们认为艺术是无关紧要的东西，当代艺术更是如此。他们把责任推卸给文化顾问，这些顾问的职责就是去维持这个怪物一般的体制的运营。他们有点像20世纪90年代的信息处理人员，他们违心地设定一套有缺陷的制度，不论这套制度的好坏以及是否故障频发，这些人都是唯一可以使这一制度运作的人。

然而，这种不易理解的知识亲缘关系，最终占领了文化，之后又定义了文化中的某种学问。在这样的前提下，规则被制定，行话被创造，网络被编织。在某种致命引力的影响下，这个臃肿的艺术界最终变得拥挤不堪，在矛盾冲突中喘不过气来，创造力几乎为零。社区的画室、艺术家在斯梅尔诺棱卡地区的住宅、简易展示架上悬挂的粗劣画作、多功能客厅的长沙发和篮子里的温热的气泡酒、选举代理人“永远支持艺术家，因为艺术很重要”的说辞、吃冷餐的人、与市镇日托托儿所分享补助金……这些流露出好意、手段有点笨拙的差劲的现实，恰恰被认为有利于我们文化中的天才们才能的充分发展。巨大的束缚注定了艺术创作者脱离市场的现实，使他们的艺术无论从何种意义来说都是无偿的，纳税人除外。我们要谨慎提出如何处理所有生产出来的无用艺术品这一问题。这些东西就算免费赠送都无人认领。艺术品借出机构的成功就是为了保证诚实正直的市民能暂时借走或认领当代艺术品，并非为了使我们对此消除疑虑。

艺术与金钱的关系并不总是这么紧张的。在梵高所处的时代，事情更为简单，不具备条件的人是不能随心所欲地创作的。假如某人的作品获得机构或某个个人的青睐，他就可以在没有社会保障的条件下生存，这是两厢情愿的。如果一个人自认为必须通过在被画成黑色的空无一物的房间的一个盆中放入一个柠檬来表现空间，他又没有足够的钱去做这件事的话，那么很遗憾，他不能指望在12月31日前到市政府提交一堆A4纸并获得文化预算分配的资助来实现他的计划。

艺术品被公共补助金发放者强制回收曾让人不甚愉

快。诚然，人们会因此想到几大主要宗教和数千年来这些宗教的通信机构的所作所为，但在1850年到1945年的欧洲，强制回收艺术品的是国家主义者或社会主义者。在这一时期，艺术服务于意识形态，控制艺术品生产是为了更好地影响消费。艺术成为模板，利于教化，为制度的合理性提供支撑。

如今，通过公共财政去敦促艺术家传播这样或那样的政治意识形态已不现实。因而，公共资助者正尽量避免自己的想法影响艺术创作。人们天真地认定，艺术家应该是自由的，好像约束会限制他们创作一样。

“悲惨的梵高”的迷思和一个拒绝授予他荣誉的自私社会，共同滋养了不计其数的关于他迷失心智的幻觉。然而，这是历史幻象的绝佳案例。实际上，这个举世无双的画家并不悲惨。他是一个享有特权、博学多才、勤奋努力的反叛者，他出生于中产阶级家庭，他确切地知道自己的所作所为。他完全了解自己的油画和草图能随着时间流逝获得价值从而形成资本。他会拒绝回应那些他认为过于缥缈的提议，倾向于稳扎稳打。

这个画家能敏锐地感知艺术市场的运作机制、圈套和机遇。他深谙投机之道，承担可估的风险，善于计划未来，习惯于按心中所想去行事。他远非人们一厢情愿所想的那样穷困潦倒、犹疑不决、活在接受弟弟慷慨接济的懊恼中，他是一个能预估市场动向的、天赋异禀的人。鉴于他的家世、原生文化、所受的教育和职业培训，我们很难相信真实的他与这一描述有任何出入。

荷兰与资本主义的诞生

1600年，地缘政治视角下的欧洲是一个掺杂着公国、王国、伯爵领地以及其他形式的“国家”（这就是“国家”一词的含义）的混合物。所有这些实体的关系由封建制度、家族、宗教、策略的联系和利益决定。这些关系不断发展，变化莫测。这个战争横行的世界呈现出多种状态，国家的边界经常变动，耕作者对自己的收获毫无把握，信仰或皈依无法保证救赎。

在波诡云谲的局势和复杂的封建制度下，北海边上的一块面积不大的领地以自由觉醒为名，从西班牙腓力二世统治下的哈布斯堡王朝中脱离出来。1581年，这个新国家确定了一种前所未有的政治组织形式，几个独立的省份联合起来组成联合体，取名为低地七省共和国[1]。由于一个合理且简单的原因，这个自称为“共和国”的实体的确是一个共和国，在那些小领主眼里，共和国内没有一个象征至高无上权威的实体化的首领，这也是该体制的难言之隐。由于这些领地在历史上常发生危及生命的洪水，当地的居民在一种或多或少脆弱的妥协和平衡体制下委曲求全。因为他们明白要团结一致才能保证对堤坝的维护，要团结一致才能捍卫付出昂贵代价才取得的独立。

当无力维持至高的中央权力的时候，年轻的共和国的利益自然与它的经济相关。荷兰人并未沉迷于祖国的荣光中，而是专注于国内和国际市场的发展。由此，在这里通常由新近移居并与原来的祖国保持紧密联系的商业资产阶级发挥着欧洲其他国家的贵族发挥的重要作用。在诸如阿姆斯特丹、莱登等大城市中，最富有、最有权力的人被称为“贵族”。这是一个可追溯至古典时期的词，这个词赋予那些被称为“贵族”的人很高的声望，但同时敦促他们在公共生活中以身作则。

出于宗教、战略或纯粹习惯的原因，这个位于边境线上的国家得益于欧洲的君主们发动的没完没了的战争。低地七省共和国的商人积累了可观的财富，武器、生计物资、木材和香料贸易促成了大规模财富的形成，国家迅速进入城市化过程，大量有才能的人和实干的人

① 即荷兰。——译者注

从战乱频发的地区移民至此。

在荷兰，由于缺乏场地、方石，尤其缺少尘世欲望，这些一夜之间致富的城市资产阶级没有建造王宫或宏伟的建筑物以标榜自己，也没有建成圆形剧场用于消遣娱乐。这是因为17世纪的荷兰人除了是商人、愿意妥协的企业家和骨子里的海员之外，他们统一的身份是加尔文教徒。

加尔文教是众多新教分支中一支无法绕开的力量，该教由多元化的实践、服从和信仰三部分组成，因此会挑战共识。由于一些与其说是尖锐的不如说是无稽的宗教学说争论，例如毒蛇在劝说夏娃偷尝禁果时到底用的是什么语言，两个教徒的友谊可能会破裂，他们会相互指责对方是异端，创建两个新的教会。即使教徒们很容易因为这些细节的阐释而产生分歧，加尔文教徒仍然紧紧地被信仰和价值观团结为一个大集体，在这些信仰和价值观中，教徒认为人在世间过渡的虚空的意识是最重要的。

加尔文教最自相矛盾的一个特点是宣扬“无用”，甚至禁止物质享受，更不用说享乐炫耀了。加尔文教宣称，通过工作、克己和简朴生活使灵魂得以升华是不可或缺的，这是颂扬上帝创世的方法，也是致敬上帝的手段。这就形成了一套严苛的集体道德规范，算得上是一种近乎专制的社会控制，一种为增进公共利益而铸造的铁一般的意志。

在大致了解这些鼓舞虔诚的公民的东西之前，读者们应该知道，加尔文教徒在出生前便因有罪而被打压、标记，有可能被判处下地狱的极刑。人们得救的唯一机会，便是赢得上帝的恩赐，因为上帝在创世的过程中容许了每一个教徒的存在。教徒要对贫苦大众、任劳任怨的工作者、社区中的榜样人物慷慨施舍，以留下一个比他出生时更好的世界来表达对造物主的感激之情。

由此，在某种意义上，对于身处17世纪“黄金时代”的不少家庭而言，积聚的财富反而是一种阻碍。管理大量的财产是被看好的，用这些财产来享乐则会招致批评。金和银被视作烂泥，被视为阻止通往天堂的可耻之物。难道基督没有说明，一个富人死后上天国比骆驼穿针更难吗?

花费自己的积蓄是一个危险的举动，因此教徒们要避免自己的消费被视为世俗的享乐。工作有至高无上的价值，是无声的祈祷，那些享乐的人不会工作，而不工作的人会拖慢上帝的进度。

为了花掉拖累人的财产，投资具有教化作用的艺术品是一种无可厚非的解决方法，购买这些艺术品不会违背新教道德规范的要求，同时也确实能改善世界，占有这些艺术品不会招来非议，因为它们就是资产。

加尔文教徒因此可以购买珍贵的画作来彰显自己的成功，而不用担心遭受地狱的火刑。这些画作通常以最为高超的技法描绘《圣经》中的场景。此外，教徒也能购买绘有古希腊、古罗马传说相关片段的画作。人文主义对于所有新教教派的教化来说都是必要的，宗教改革就是受到对原文个性化的解读的启发而重读《圣经》，因此，荷兰的资产阶级必须研习希腊文与拉丁文。他们通过古希腊和古罗马的语言和文化，与古典时期的传说，尤其是奥维德[①]的《变形记》[②]有了交流。这些内容成为17世纪和18世纪众多艺术家创作的主题。

最终，这种占据上风的道德规范被这方兴未艾的社会中的各个阶层所接受，艺术家和他们的资助者在最纯粹的日常生活中发现丰富的主题。母亲为她的孩子梳头成为良好教育的象征，便鞋意味着情欲，天鹅代表民族。在这些艺术和道德的象征中，金钱总是邪恶的、使人堕落的，富有、美丽和青春被刻画成毫不重要的转瞬即逝之物，果实和花朵在时光的流逝和害虫的侵害下必死的特性被表达出来。

---

① 奥维德（Ovide，生于公元前43年3月20日，去世时间不详），古罗马诗人，代表作为《变形记》《爱的艺术》。——译者注

② 古罗马诗人奥维德所著诗歌，全诗共15卷，取材于古希腊和古罗马神话。——译者注

上述宗教思想，在这一时代，滋养了一种创新的“资本主义”制度。新教教徒个人资产共有[①]的本能使主要的海上贸易公司集结为一个企业，此时荷兰的邻居——欧洲其他国家，尚处于行会横行的阶段。荷兰人坚信团结一致带来的力量，于1602年建立了联合东印度公司（荷兰语称Vereenigde Oostindische Compagnie，VOC）。该公司不仅是人类历史上的第一个跨国公司，顶峰时期拥有超过25000名雇员，还是证券投机行为的发源地。这个公司的权力无限大，它能印制自己的货币，维持自己的军队，管理在政府管辖范围之外的土地。这个公司成为所有国家畏惧并尊重的殖民帝国。

东印度公司发行可转让的股票，目的只有一个：赚取利润。在它的诸多权限中，自由地发行股票当属第一。东印度公司只为自己的股东负责，而此时它的竞争对手还在为炫耀财富的君主提供军饷，这些君主就是贵族，他们通常自视甚高，轻视商业。

17世纪，荷兰人在自由与规约之间取得难能可贵的平衡，迎来黄金时代。刚刚获得解放[②]的荷兰人凭借金融的力量和经济的成功，建立了国库。作为海上霸主，荷兰这个年轻共和国的居民一砖一瓦地建造了一个主流价

① 同为上帝所有。——译者注

② 指荷兰人发动革命后，摆脱了西班牙哈布斯堡家族的统治。——译者注

值观是社会责任和经济致富的国家，构建了其民族特性的基石，这种特性至今尚存。

荷兰的清教徒不是唯一捍卫这些价值观的人。美国人身上也有清教徒的印记，他们投射出的意识形态以及个人与财富之间的关系，与荷兰人几乎一致。人们都认同他们在经济方面的成就。

现代社会学之父及经济学家马克斯·韦伯[①]，在他1904年出版的《新教伦理与资本主义精神》一书中有关于这个问题的精彩论述。这位德国思想家在书中厘清了宗教改革与资本主义发展的关系，同时指出了每一个基督教徒在社会中应有位置的观念，每一个教徒都有义务听从上帝的意志和规划，找到自己的道路并取得成功。

梵高在成长过程中接触到这种宿命论，并深受影响。他在犹疑要不要放弃自己的第二个职业——传教士，并选择从事艺术创作时，得到来自托马斯·卡莱尔[②]思想的慰藉：找到自己命中注定的工作会受到上帝的祝福[③]。

① 马克斯·韦伯（Max Weber，1864—1920），德国社会学家、政治学家、经济学家、哲学家，著有《新教伦理与资本主义精神》《古犹太教》等。——译者注

② 托马斯·卡莱尔（Thomas Carlyle，1795—1881），苏格兰哲学家、历史学家，代表作有《法国革命》《论英雄》。——译者注

③ 此句在原书中为英语。——译者注

意识到自己成功的梵高

《星夜》的作者经常被视为社会事业的杰出人物。这是因为他的社会主义倾向、他对资产阶级的反感以及对革命爆发的渴望。上述这些也许是真的。他34岁的时候，在写给妹妹威廉明娜的信中承认，“只有在堕入爱河的时候”，他才会关注“社会主义的和宗教的思想”。

他看起来也相信，社会主义的设想可以在某天通向一个理想的社会，这个社会的模式完美地契合新教徒对共同体的规划，在这个共同体内部，每一个个体都能找到自己的合适位置。

写给埃米尔·伯纳德[1]

阿尔勒[2]

1888年8月5日

乔托[3]、契马部埃[4]、贺尔拜因[5]、凡·爱克[6]都生活在结构犹如方尖碑的社会，这是一个由一砖一瓦堆积的、按照一定建筑结构建构的社会，每一个个体都是这个建筑里的砖瓦，所有人联合起来，组成一个庞大的社会。与社会保持距离的社会主义者在按逻辑建造他们的社会结构时，我毫不怀疑，这种社会的化身会重现。

梵高仰慕法国历史上的革命时期。作为伊波利特·阿道尔夫·丹纳[7]和儒勒·米什莱[8]的忠实读者，

① 埃米尔·伯纳德（Émile Bernard，1868—1941），法国点彩画派画家，代表作为《蓬塔旺商铺》。——译者注

② 阿尔勒，法国东南部城市。——译者注

③ 乔托·迪·邦多纳（Giotto di Bondone，1266—1337），意大利画家、雕刻家，代表作为《犹大之吻》《最后审判》《哀悼基督》。——译者注

④ 吉欧瓦尼·契马部埃（Giovanni Cimabue，1240—1302），意大利画家，代表作为《圣母子》《圣母和天使》。——译者注

⑤ 汉斯·贺尔拜因（Hans Holbein，约1497—1543），德国画家，代表作为《死神之舞》。——译者注

⑥ 杨·凡·爱克（Jan van Eyck，1385—1441），尼德兰画家，代表作为《根特祭坛画》《阿尔诺芬尼夫妇像》。——译者注

⑦ 伊波利特·阿道尔夫·丹纳（Hippolyte Adolphe Taine，1828—1893），法国文艺理论家、史学家，著有《艺术哲学》《英国文学史》等。——译者注

⑧ 儒勒·米什莱（Jules Michelet，1798—1874），法国史学家，著有《法国史》《女巫》等。——译者注

他对自己所处的时代感到深深的厌倦。他更希望生活在1789年、1830年或1848年。其时，路障竖起、炮火轰鸣，高贵的思想付诸正义的行动。他似乎相信一场新的声势浩大的革命即将爆发，但他也感觉到这样的一场革命在他有生之年无法实现。换句话说，他的社会理想要么存在于想象层面的未来，要么存在于罗马时代的过去。

他在绘画《向日葵》和《麦田上的乌鸦》的时候，不是为叛离或保护被压迫者而作。远非如此。这个富有成就的艺术家并不憎恨资产阶级，他自己就从属于这个阶级。相反地，他讨厌平庸，与许多人一样，比起那些无法摆脱自己所受苦难的人，他对那些生活条件优越的人要求更高。

梵高带着近乎宗教式的热忱和怜悯，阅读着同时期的自然主义[①]小说，但这并不是出于推翻社会秩序的目的。包括《土地》[②]《小酒店》[③]和《萌芽》[④]在内的小说都带着自暴自弃的意味，无一例外表现的是同样的因素

① 自然主义（le Naturalisme）在19世纪下半叶至20世纪初在法国兴起，是一种具有现代含义的文艺流派。——译者注

② 《土地》是法国自然主义小说家爱弥尔·左拉（Émile Zola，1840—1902）创作的长篇小说，是系列小说《卢贡－马卡尔家族》（*Rougon-Macquart*）中的第十五部，于1887年首次出版。——译者注

③ 《小酒店》是爱弥尔·左拉创作的长篇小说，表现手工业工人贫困的生活，是系列小说《卢贡－马卡尔家族》中的第七部，于1877年首次出版。——译者注

④ 《萌芽》是爱弥尔·左拉创作的长篇小说，讲述矿工的故事，是系列小说《卢贡－马卡尔家族》中的第十三部，于1884年首次出版。——译者注

会导致同样的结果，受到重压、丧失希望的人们，正是由于他们的阶层和出身而无可避免地遭受苦难。文森特描绘那些最贫苦、最穷困的人们的面孔。他被施汤站里寻求施舍的人和最卑贱的织布工人、农民迷住。他与一名过去是妓女的女子在海牙的街区一起生活了18个月。不是因为他试图揭露不公正的社会秩序，而是因为他发现苦难是美丽的、真实的、“还未曾被刻画的”。他想要展示时代的印记和遭到生活不公平待遇的人的面孔所暗含的苦难，但没有试图改变他们的命运。

他也观察到自己身边聚集的懒惰的人、马虎的人、虚伪的人和平庸的人，包括在海牙的社会底层的人民、法国南方的农民、巴黎市民、艺术家、商人、作家和军人。这些人，他希望能改变他们。他向所有人表达了一种不妥协的态度。他唯一在意的是人们为了成功而必须具备的优秀品质和奋斗精神。其余的，他不是不关心，就是觉得不可忍受。

为了与平庸作斗争，他以艺术为武器。他坚信，个人而非社会能依据所见所闻而改变。他希望出版一系列廉价的版画，艺术在他眼中具有提升人们道德水平的力量，而且可以促使人们总是以全新的视角来看待这个世界。可以说，这是一种表达新教思想的文学的移情，而新教思想又是资本主义的经济秩序的源泉。

在大量将梵高神圣化的文学作品中，他一直以受害者的形象出现，无论是否有证据来证明。这些作品一开篇，差不多总是把他的生活置于他死亡的阴影之下。在关于他的第一批传记中，一本书标题为《文森特·梵高的悲剧人生》[1]，一本书标题为《麦田葬礼》[2]。还有一本是安托南·阿尔托[3]所著的《被社会杀害的自杀者》，这本毫无根据的书于1948年首次出版，是巴黎奥赛美术馆2014年的一次展览的灵感来源。

我一直无法理解阿尔托所写的这本书的标题。长久以来，我将它看作是阿尔托的诗歌创作实验。这本让人疑惑的书将梵高放在一个弱者的位置。按照书中的叙事逻辑，这位艺术家在一个无情的社会中与社会冷漠的逻辑格格不入，无法融入其中，走投无路的他只有一个选择——通过死亡来摆脱这个世界。

文森特确实度过了可怕的时光。然而，并不是他没有能力在这样一个社会中找到自己的位置导致了他的自

① Louis Piérard, *La Vie tragique de Vincent Van Gogh*（Brussels：Labor, 1946）.——译者注

② Viviane Forrester, *Van Gogh ou l' Enterrement dans les blés*（Seuil, 2014）.——译者注

③ 安托南·阿尔托（Antonin Artaud，1896—1948），法国戏剧理论作家、诗人，代表作有《导演和形而上学》。——译者注

杀。实际上，这个画家付出了高风险和受到质疑的代价最终融入了社会并取得成功。事实摆在眼前，他的作品已经就位，没有散落四方，提升其作品价值和销售的网络已经就绪。

全身心投入

1883年8月7日，在去世前差不多7年，梵高写下他意识到职业生涯始于晚年的事实，因而他感到构建自己一生成果的时间已经不够。他带着敏锐的洞察力思考，觉得自己的身体大概可以支撑六至十年。在这个期限的基础上，他思考怎样实现自己的目标，即创作出流芳百世的作品。他的计划不是以最快的速度吸引注意力，吸引评论，让画商趋之若鹜，让买家争相购买。他知道时间是他成功的构成部分之一，他也了解优化时间安排的必要。

为了将成功的职业生涯的要素整合起来，他从那些自己欣赏的艺术家的传记中汲取灵感。让–弗朗索瓦·米勒[①]让他学会，要与自己的主题近距离接触，以抓住细枝末节，如果他想要画农民，就要经常拜访农民，进入他们的住所，与他们的日常生活亲密接触，甚至需要了解他们在夜晚的生活状态。欧仁·德拉克洛瓦[②]让他学会，假如他要追求最细致的艺术表现力，他就要长久地努力，不惜牺牲自己的健康。左拉[③]向他指明一种废寝忘食和井井有条的工作方式，这种方式造就的产品近乎工业化，遵循一种严密的程序科学，具备百试不爽的程式、配方和框架。伦勃朗让他学会，要用勇气、坚持不懈的恒心和深信自己选择了正确道路的想法来武装自己。所有这些艺术家都告诉他要背水一战，没有退路。他要以一种没有出路的方式生活，完完全全地将自己奉献给自己的事业：艺术。

头脑清楚的他知道自己可能正在朝着与成功相反的方向奔走。他渴求获得尊重。他要锤炼自己，放下私心，不能犹豫，不能存疑，也不能斤斤计较。他要全身心地、没日没夜地投入工作，早起晚睡。他要使用质量

① 让-弗朗索瓦·米勒(Jean-François Millet，1814—1875)，法国画家，代表作为《拾穗者》《播种》《晚钟》。——译者注

② 欧仁·德拉克洛瓦（Eugène Delacroix，1798—1863），法国著名画家，浪漫主义画派的代表人物，代表作有《自由引导人民》。——译者注

③ 爱弥尔·左拉（Émile Zola，1840—1902），法国自然主义小说家，代表作有《小酒店》《萌芽》等。——译者注

最佳的颜料、画布和画布框，如此一来，他的画作才能完好无损地保存下来，可以历经时间流逝，等待被世人欣赏的时机来临。

如今，梵高的作品因数量丰富（约有870幅油画作品，超过1000件素描作品）和风格多变使世人震惊。这么多的作品存世是他谨慎地储存的结果。其风格的多样性得益于他绘画技术的突飞猛进，也是他反复推断、不断试验、拜访和旅行的结果。这些试验往往不会立竿见影，但这不妨碍他小心翼翼地保存这些文件或是与其他艺术家交流。著名画作《星夜》正是属于这一类。梵高将这一作品命名为《夜的效应》，当时并未将其看成是自己的代表作。

对于梵高来说，这幅画称不上是“画作”，而只是一幅“习作”。对于梵高来说，“画作”应该是预先准备的、集实验性和开创性于一身的作品。他的《吃土豆的人》《卧室》《丰收》《夜咖啡馆》称得上这样的“画作”。有时为了一幅“画作”，他要画出数十幅“习作”。有时，历经数十幅“习作”也未能产出一幅“画作”。

《法国信使》[①]刊登了一篇颂扬梵高作品的长文，文

① 《法国信使》是法国巴黎文学性刊物，创办于1672年，原名为《文雅信使》，后于1724年更名为《法国信使》。——译者注

章写道，在19世纪90年代初，梵高在世之时已经清楚知道，他的荣誉不是来自他的天赋，而是来自他的勤勉与耐心建构，这种有意识的、充满智慧的对作品整体的建构，使他的作品的价值体现为深度、力量和一致性。在上述这篇文章里，艺术服务于高贵的事业并不是需要探讨的问题，保持其形式上的特点、其胆识和主题的正确性才是重点。换句话说，这是关于特质的问题，而非意图的、行为的或是某种混乱的观念的问题。

如今，关于梵高著作的特点和风格的差异并不总是让人理解。人们常质疑，大量的金钱被花费了，甚至用的是政府补助金，创作出来的作品为何还如此幼稚，似乎这些作品只因为出自某人之手就获得了奖金。人们将其看作愚蠢的狂热崇拜活动，一种对于平凡无奇的、勤勉创作的艺术家创作的画作的不公正对待。

人们无法想象，对某些人而言无观赏价值的作品却是由各个有意义的部分组成的有机体的一部分。人们可以把获得其中一个作品看作是拥有梵高兄弟公司的股份。公司的成功、成长和利润总能为投资提供合理的解释。

在艺术评论界和公众那里获得成功绝对不是文森特

的直接目标，其实在他去世之前其作品已备受认可。他能适应成功，同时也忧虑成功可能带来的后果。

写给提奥·梵高

阿尔勒

1888年8月13日

一开始我们在物价最低廉的地方定居下来。

如果成功来临的话那就很好了，我们的生活更为宽裕也不是坏事。

在左拉的作品中，最打动我的是邦格兰德–琼特这个角色。

他的一句话说得太正确了：“您觉得，一个艺术家具备天赋又拥有声誉就能一劳永逸了？”相反地，他最终会生产出并不尽如人意的作品。同时他的名誉会在其作品销量下降的情况下，迫使他去关注和改善自己的作品。只要稍微表现出软弱，嫉妒的人们便会将他踩在脚下，破坏他的名誉和善变又背信弃义的公众对他稍纵即逝的信心。更严重的是像卡莱尔说的那样。您知道，巴西的萤火虫以闪亮著称，以至于女士们在晚上用大头针将它们别在自己的头发上吗？荣誉美不胜收，但是，这种荣誉之于艺术家就像是大头针之于萤火虫。

您想要成功和出名，您真的知道自己想要什么吗?

但是，我惧怕成功，跟印象派大获成功的盛典之后的状况一样，当前困难的日子在不久的将来对我们而言可能是“美好时光”。

高更与我，我们必须有预见力，我们要努力营生，获得安居之所、床铺和生活必需品，以便在我们尚未成功时维持固定的居所。

写给提奥·梵高

普罗旺斯–圣雷米

1889年9月10日

……我已经预见，在我成功的那一天，当我隔着屋子的铁栏杆看着田野上收割庄稼的人的时候，我会为自己的孤独和悲痛感到遗憾。这总比不幸好些。

提奥，穷人的弟弟

提奥写给文森特

巴黎

1890年3月

我没有再回到独立艺术家协会[1]，但总是去那里的毕沙罗告诉我，你在艺术家当中真的获得了成功。一些艺术爱好者也在我向他们打听之前迫不及待地跟我说了你的事。

提奥常常被看作是文森特无私的资助者。这个掌管了一家享有盛名的跨国公司的子公司长达33年的

① 独立艺术家协会（Société des Artistes indépendants），梵高于1888年加入该协会。同年，他的三幅作品在巴黎的展览中展出。——译者注

人，慷慨地资助了他倔强的哥哥的胡作非为。这个正直的、谦逊的男人被认为是唯一一个给予他不合群的兄弟必要支持的人。

事实上，提奥并不是那么无私，正如文森特不是那么贫困一般。

这两兄弟之间的关系具有三重性质。首先，他们是两兄弟，有着共同的回忆和外人无法否认的血缘关系。其次，他们在格鲁特-津德尔特度过幸福的童年时光，分享同一个卧室。他们之间相差4岁，有着共同利益因而避免了竞争。提奥欣赏他的哥哥，他的哥哥也对弟弟有着责任感。

这种兄弟关系衍生出美妙的友谊，构成他们关系的第二重性质。梵高从家庭中沿袭的习惯是严格按照行为规则办事。他与所有家庭成员之间都保持着通信联系，这种联系不仅局限于在寄给家人的明信片上匆匆写上陈腔滥调的问候语，签上自己的名字，还要有关于哲学、神学观点或内心情感方面的倾诉。因而，两兄弟之间往来的信件内容包括爱情经历、失败经历、文化上的发现、欢乐及悲伤。在1886年至1888年，两兄弟生活在巴黎的同一屋檐下，这并非轻而易举之事。提奥竭尽全力地适应与特立独行的文森特的同居生活。

他们之间的第三重关系是纯粹商业性质的。这种性质的关系经常被看作是上述两重关系的副产品。不过，提奥与文森特一起共事，不是因为他们亦兄亦友的关系。他们在一起共事，是因为他们各取所需，文森特可以在必需的时间内进行创作，提奥可以通过他哥哥确保进入他们共同组建的先锋派艺术家的社交网络。这种活跃的投资让高更、图卢兹-劳特累克[1]、莫奈、德加[2]的作品被他们收入囊中。这不算最坏的情况。

要记得，文森特在古比尔公司工作了7年，已经见识并理解艺术市场的运行机制。他的弟弟提奥，一个忠于家庭传统的人，也走上了同样的道路。当两兄弟在谈论艺术、潜在的市场、社交网络和传播技巧时，他们不是头脑发热的空想家。他们是这个领域的专家，基于他们对自身所处地位的现状、机会和风险的认识来交换观点。

两兄弟之间三重性质的关系促成了史上最成功的企业走向成功的故事。这种模式是契约性质的，双方有着各自的义务，受到共同利益的驱动。

---

① 亨利·德·图卢兹 劳特累克（Henri de Toulouse-Lautrec，1864—1901），法国后印象派画家，代表作为《红磨坊舞蹈》。——译者注

② 埃德加·德加（Edgar Degas，1834—1917），法国画家，印象派的代表人物，代表作为《调整舞鞋的舞者》《舞蹈课》《盆浴》。——译者注

跟很多伟大的思想一样，上述认识也存在着巨大的误解。为了能够更好地理解两兄弟的关系，我们要追溯一下前面发生的事情。

在放弃艺术品交易的职业之后，文森特曾经希望做一名牧师。家族圈内为谨慎起见开展了漫长的讨论。他被迫从零开始：他重新进入学校学习，重新学习拉丁语，因为不懂拉丁语一定会被神学院拒绝。他确信自己能从信仰中获得必要的动力，因而积极投入这个后来被他称为“疯狂和不切实际”的计划之中。这段时期他写给提奥的信的篇幅有时长达10页。他甚少提及自己的日常生活，信件满是《圣经》中含有训诫意义的引文、圣歌和表达虔诚的文字。这些信件带有一种让人疲惫、具有重复性和强迫性的文风，十分考验收信人的耐性。

梵高的家人为了让他实现这个改行的想法都行动起来。一个有钱的叔叔为文森特在阿姆斯特丹准备了一个房间，邀请了最顶尖的知识分子毛里·本杰明·门德斯·达科斯塔为他授课。1910年，在荷兰的一份日报上，只比这个学生年长一点的家庭教师回忆起他为这位未来画家讲授希腊语与拉丁语课程的过程，他认为这是一种浪费，他描述：这个讨人喜欢的年轻人极其积极主动，在忏悔时抨击自己，但并不因此而遵守规则。这个学生一直在反对将拉丁语这门已经死去的语言当作与仍在世的基督交流的必要手段。门德斯尝试说服他，但后来明白这是白费唇舌。最终，文森特没有达到应有的等级，无法进入神学院并成为牧师。

事实上这个学生放弃了考试机会，他经过深思熟虑、反复思考后充分接受了自己的失败，然后在父亲的撮合下，为一个位于比利时的传福音会提供服务。他憧憬着成为传道士，这个工作不需他提供任何特定的文凭，他需要懂得仍存世的语言而非死语言，懂得向受教育程度低的公众传道和传授福音。这对梵高而言是意外的收获，他的要求其实不高。在28岁的时候，他签下一份包含试用期的合约，在天主教世界继承父业，正式成为一名新教传教士。

他在蒙斯①周边主持宗教仪式，这个地方位于博里纳日②中心，是一个外号为“黑色国度”的矿区，以贫困著称。对于那些想要行善的人来说，这个试验场困难重重，酒精肆虐、严重的矿区事故和疾病在这里反复上演，早已被全世界遗忘了数十年。文森特在前几个月间咬紧牙关忍受着对他而言毫无用处的学习，既失去了耐性又满怀热情。然而，这段经历以灾难结束，与他当初

① 比利时王国埃诺省首府。——译者注

② 位于比利时南部。——译者注

想象的使命相去甚远。

我们没有办法确定文森特决定离开教会而将生命献给艺术的确切时间。这种转变并非一蹴而就，不是头脑发热做出的转变。就像他改行从事宗教行业是基于数月的狂热计划一样，他从宗教转向艺术的想法也是逐渐形成的，这种转变应该逐渐发生在1879年的下半年，当时他心里肯定还有诸多疑问，但是文森特的职业转向与他曾经效力的古比尔公司的雇主有莫大渊源。

在一封8月5日的信中，文森特邀请提奥来博里纳日歇脚、见面，他的弟弟正要搭乘火车离开荷兰去往巴黎。文森特无意中提到他去了一个牧师画家的画室，在那里，牧师画家向他展示了一张草图："一个煤矿工人"。那个牧师画家解释道，他会在傍晚作画，一直画到夜深，为了"固定他的记忆以及他观察到的事物无意间引发的思考"。最后，提奥从他的旅程中抽空前往，不仅是为了享受兄弟友爱的时光，还因为他想看看文森特的画作，并领略这个地区独特、多样的风情。

梵高在艺术上的尝试和实践超越了他曾那么质朴地表达过的范围。用流行的方式作画是一种可以超越简单再现的大胆尝试：这种尝试要求对主题有更深广的认识，并掌握结合各种形式的能力。这对于大多数或多或少头脑发热乱画一通的人来说是难以达到的。他要把从前用于阅读《圣经》和其他宗教读物的时间用于作画，并一直画到深夜，因而画画并非他的娱乐消遣。此外，消遣的概念甚至与这位年轻的传教士所表现出来的坚定不移的信仰极不相容。他画画，当然是因为他觉得做这个事情有意义。从他的信仰、受到的教育以及他对未来的规划等方面来看，他画画不太可能只是为了“固定他的记忆”。

更有可能的是，他对艺术家职业生涯已经有了模糊的规划，至少是找到了画画和传道的互补性，但他不敢开诚布公地与提奥谈论。他也知道自己不适合做福音传道者。他服务的福音会对他几个月以来的工作进行评估，总结出他缺少从事这个职业所必需的能力，包括组织筹备能力以及在公共场合演讲的能力。出于不让文森特直接失业的考虑，委员会决定与文森特续签3个月的合约。但在1879年10月1日，他的职位被一个新的应聘者接任。在此期间，梵高必须探索一条适合自己的道路，为又一次改行做准备。

在接下来发生的事情中，提奥的意见对于文森特在艺术上的初步摸索有着不可估量的价值。这个古比尔公司（后更名为布索–瓦拉东公司）的年轻雇员，重新承担起父母对文森特重拾职业生涯的希望。因此在向家人和朋友说明文森特新职业选择的合理性方面，提奥是唯一的、最好的代言人。提奥的意见对文森特最终的改行有着重要影响。

从这个角度来看，1879年5月的信件有策略性的意义。这一类信件在梵高的书信中并不少见。他不是一个无所顾忌的操纵者，远非如此。但无可否认，他的书信常以一种生硬的描述真相的方式写成。

在收到于8月5日寄来的书信之后不到一周，一封新的信件说明长期有间隙的兄弟关系并未如预计般修复。在信中，文森特用大量篇幅责备提奥。他多次提及弟弟那些“为改善他的生活”而提出的建议——诸如成为面包师傅或者信件和明信片笺头的设计者。他认为这些方案都糟糕透顶。他不再对两人彼此不再拥有信任感到遗憾，并表示希望他在自己的家庭中不会以这种入侵者的姿态出现。

这封信是在二人通信中断长达10个月后写出的，这次中断可以说是两兄弟在18年间书信往来中最长久的一次间断。

我们对于1879年夏天那封痛苦的信之后一直到1880年6月这段时间内两兄弟间冷冰冰的关系知之甚少。但我们可以推断，文森特正在经历精神上和物质上的荒漠，他那对禁欲主义的信奉和宗教信仰帮助他度过这段艰难岁月。从他与近亲的通信以及后者的言辞中可知，他尝试将福音传教活动与绘画的研习结合在一起，但没有成功，主要靠他父亲通过熟人寄送的东西维持生计。

这些苦难、疲累和考验成为文森特的精神武器。在他眼中，这些降临于他身上的苦难就好比是仁慈的上帝为了加强与人的联系而赐予的痛苦。神与人的汇合点产生了苦痛、怀疑和贫苦。在文森特的精神世界中，这些苦难只会增强他的信仰。

1879年至1880年兄弟二人通信中断的这段时间内发生的事情很少被后人记录下来，这种空白给过分美化梵高个人形象的幻想提供了绝佳的机会，让幻想者和投机者大有空子可钻。对于他的众多狂热支持者而言，这可以证明：这个画家是圣安东尼的化身，是有着纯粹的、坚定的信仰的隐修士，可以抵制一切诱惑，亲近人民，大公无私，有一片面包便已知足，运用自己的才能做出艰难而又非同寻常的决定，为不公正制度中的无辜受害者服务。事实上，跟其他人一样，这个年轻的男人追求自我并做出反应，他在信中加入无懈可击的道德光环，来掩盖他一蹶不振的事实。

在兄弟关系破裂的背景下，文森特改用另一种语言。从他自幼与弟弟一起熟习的荷兰语，忽然转变到不协调、不流畅的法语，他在笨拙地使用这种语言和竭力学好它之间挣扎，以至于人们可以将之定性为“文学家式的笨拙”。在信件中，他使用自己喜爱的文学作品中的文学性用语，如儒勒·米什莱的《鸟》，他将自己与笼中鸟做了一个幼稚的类比。他的家庭对他并未从第一次失败中爬起来感到惊讶，认为这并非他的本性。没有一只曾在空中翱翔唱歌的鸟儿可以在笼子里放声高歌。对于艺术家而言也是如此：在丧失自由、没有适应天性的环境下，他不能得到充分的发展。

另外，梵高写的这封动人的信中并没有与弟弟分享自己的近况或内心的状态。这封信是一种有策略的手段。文森特在信件开头提及提奥成为他眼中的“陌生人”，但他还是被迫提笔给提奥写信以感谢提奥给他的50法郎。他因而“勉为其难”地写信，“勉为其难”地接受这笔钱。

他似乎已经决定走上艺术这条道路，但没有直截了当地告知提奥，而是围绕着这个主题补充了一些文学引文和深层次的想法。他为自己辩护、解释，表现得谦卑，是的，他之前败得一塌糊涂，但他肯定“在某些方面有特长”。这是典型的精神绑架的做法，他的弟弟肯定不会反驳他，说他一无是处……当时文森特的计划还是模糊的，但在他逐步付诸实践后就明朗了。他的计划涉及艺术以及对诸如维克多·雨果这样伟大人物的研究。为了达到这个目的，他需要很多物质支持：纸张、灯光、空间、画笔、培训以及时间。

从1880年6月到10月这5个月内，文森特寄出的6封信依然是用法语写成的，他要求提奥给他寄些书和版画。

他一如既往地将想法转化为行动，没有耽搁便离开了博里纳日，因他居住的地方过于昏暗，他无法不间断地练习绘画，也无法找到合适的老师去学习。因而他搬去了布鲁塞尔，每月用父亲寄来的60法郎维持生活。有一次，他说漏了嘴，他在那里的房租是50法郎。

我们应该理解文森特执行他的策略来获得结果并成功的做法。他用一种他弟弟不太熟悉的语言来告诉他弟弟，这是19世纪国际通用的语言，是民主和文明的语言，是所有文质彬彬的绅士都要学会的语言。他表明自己的严肃态度——纵使双方处境不同，他仍可对提奥造成精神上的影响。弟弟已经获得成功而哥哥却受挫，获得弟弟精神上的支持，使文森特在唯一给予他金钱资助的父母面前更为可靠。虽然不太情愿，但提奥还是成为文森特在家中的辩护人，在此之前，家人对文森特的不信任感与日俱增，认为他想像寄生虫一般无所事事地度日。

多亏了提奥，他们找到了改善这一状况的方法。文森特的处境并不是那么令人羡慕：一方面，他希望实现自己成为艺术家的计划，但希望渺茫；另一方面，他的父母已然放弃了他可能成功的所有希望，只希望他有一份职业，职业的性质无关紧要，但必须有实质的工作，保证他基本的生计并使他远离危险。提奥出于孝心、友谊、兄弟友爱、善良，决定支持文森特的又一次转行，提奥也没有更好的选择。不是因为提奥相信文森特的天赋，提奥不认为文森特有什么天赋，而是因为经过深思熟虑后，提奥认为，陪伴兄长实践其不理智的计划是更合理的做法。提奥最初提供的支持是平心静气地对待文森特的转行，确保家庭关系的和谐以及使父母感到宽慰。

因事业而反叛

在27岁的时候，文森特没有经过培训，没有收入，被外界认为不稳定、难以理解和冥顽不灵，他声名狼藉，为了选择画家这个新的职业而激烈地抗争。他必须要成功。在还清债务之前，他靠着赊账过活。因而在他的目标计划之外，文森特还要根据自己的处境制订另外一个计划，一个不仅可以使他靠自己的艺术作品生存，还可以以此获得利润的计划。他还要顺便向那些自诩为他家人的善心人士表现出更加敏锐的一面。

很快地，提奥接替父亲对文森特提供财政支持。在1881年4月，他答应每月寄给文森特100法郎。我们很难估计这笔钱在21世纪初的购买力，但在梵高所处的年代，100法郎相当于一个新来的邮差工资的两倍。人们用1法郎便可购得4公斤面包或10升酒。

随着时间的推移，提奥每个月寄的钱有所增加，从1882年起增加到每月150法郎，在梵高生命的最后30个月里，提奥寄给梵高的钱合共将近7000法郎，亦即平均每月约230法郎。他在阿尔勒的朋友是罗兰，邮局的雇员，他曾多次为这个雇员作画。这个雇员每个月的工资是135法郎——他要用这笔工资支撑他妻子和3个孩子的生活。

然而，人们从信中读到梵高经常缺钱用。他不厌其烦地提及自己“手头紧”，这似乎是他所处时代的艺术家共有的特点——时常抱怨自己生活拮据。梵高没有说谎。在他的职业生涯里，他经历了难以忍受的财政上的不安全感。

这种感觉倒不是真的因为缺钱，而是因为众所周知的原因——梵高缺乏理财的能力。他挥霍无度，经常大方地请客，又是妓院的常客，对食物有很高要求，在阿尔勒租了一套房子却经常住在酒店里，不时地采购那些他认为有用的东西——即便当时未必有用。他用能找到的最上乘的材料来画画：最好的颜料和最好的画布。即便提奥寄给他两倍、三倍甚至是五倍的钱，他仍然捉襟见肘。梵高的问题不是贫穷，而是乱花钱的性格导致其时常缺钱。

梵高这个加尔文主义者从小就接受最严格的节俭教育，学习作为一家之主如何持家，怎么会是一个花钱如流水的人呢?

其实，他根本不是这样的人。他的信中充斥着对金钱病的怒骂。信中也包含了粗俗的评判。一分未赚的他去逛妓院，而他的弟弟却要费力干活? 对自己点的汤百般挑剔，要求喝最好的酒，在颜料用光而画作堆积未能卖出的时候大发雷霆? 文森特的这些举动都是有迹可循的。

那些轻浮的女人有着生理和心理方面的问题。他必须珍惜每分每秒，去创作不同寻常的作品。他没办法让自己操持家务或者抚养小孩。他在海牙进行过这种尝试，跟一个妓女一起生活了18个月，但最终不了了之。他需要那些经他判断可以使他满意的东西，因此他去妓院寻求解决之道——在19世纪卖淫是合法的，这对他的职业而言是适当而又必需的办法。

写给提奥

阿尔勒

1888年9月3日

啊，我亲爱的弟弟，有时我清楚地知道我想要什么。我在生活和绘画中能忽略上帝，但痛苦的我无法抛弃比我更伟大的东西，那就是我的生命和创造力。

人们对这种身体的创造力如此失望，但仍然努力去创造思想而不是制造后代，那么地充满人性。在一幅画中，我尝试像音乐那样诉说一些抚慰人们心灵的东西。

他对饮食的要求很高，他的身体是一台机器，一个画画的火车头，需要用最好的方法来养护。按照他的想法，劣质的酒会毒害他，肥腻的牛排会堵塞他的血管。因而，他更想用好酒来保持身体健康，用白兰地干邑酒来促进血液循环，用咖啡来提神，必要的时候用苦艾酒来使自己头昏目眩，食用土豆因其能很好地适应他的体质，随意使用他认为对喉咙有好处且有利于创作的烟草。他避免多愁善感，听从身体的需要，他非常清楚，没有身体的支持他是无法作画的。

他也需要良好的睡眠质量，需要空间放置他的绘画材料。因此他在酒店或者寄宿公寓的时候，需要两个房间。总之，为了可以产出一份艺术家们和商业社会眼中的伟大作品，他需要租下一间完整的房子。空房子是无法居住的，添置的费用完全由提奥来承担。

35岁时生活在阿尔勒的贫困的文森特，与我们看到过的26岁在博里纳日的他和在圣安东尼的他相比，状态相去甚远。他对任何诱惑都没有抵抗力并感觉良好。然而，他一分钱都还没有赚到，没法偿还弟弟。

在读他第一封回信的时候，我们会对他根本不把世界放在眼里的印象记忆深刻。同时，我们会意识到这个令人难以忍受的人的思想之丰富和深邃，此后我们会崇拜提奥，他多年来充满传奇色彩的耐性。他怎么能忍受他哥哥三天打鱼两天晒网及混乱地规划未来甚至完全没有计划？他怎样结合这些相互矛盾的元素，催生出无与伦比的，在人类历史上最强大、最稀缺的作品？每个人都能执拗地与现实为伍并再造艺术吗？

是的，所有这些都是有逻辑的、经过思考的、冒险的、现实的计划的一部分，这个计划旨在创造价值。他所忽略的是他创造作品所必需的时间，而这正是他唯一的风险。如果他的生命或是作画的能力在其画作充分发挥价值之前消失，他的计划就会搁浅，提奥投资到这项事业中的钱也将无法赎回。因此他要坚持不懈地工作，哪怕达到精神上和肉体上的极限仍要坚持不懈，直到作品的价值超过它们内在的固有价值。如果他坚持到命定的时刻，他的计划同样可以获利。在那个时刻，一种新的变量将会改变原有的形势：对成功事业的管理。梵高像害怕瘟疫一样惧怕成功，他担心在事业有收益之前就获得成功。对他的成就过早的认可会阻碍他继续进步，因为成功面前不容有失。为了成为一个更好的画家，梵高可能出错，他摸索前进，有时踌躇或者失败。

重实效和讲求现实的提奥还是认为，他兄弟的职业会在未来使他的投资获得收益。但他很有可能在看过文森特的第一批画作后，认为他的作品不会得到认可。

提奥提供的第一笔资助旨在使这个前福音传教士在几个月内成为一名为发行量很大的刊物制作版画的插图画家。当事人很快明白这是不可能的。梵高于1881年秋天在海牙定居，他在繁华的街区租了一个房子，以一种企业家的逻辑，在画作上留下“文森特画室”的印记。他并非毫无斩获，还是卖出了一些画，但远远未能通过卖画获得可维持生活的收入。此外，他在家人和旧友中的名声也不太好。尤其是他曾经与一个曾是妓女的女人同居的消息传开后。他得到的支持越来越少，提奥似乎也对是否继续提供资助犹豫不决。

文森特是一个专家，他意识到自己特立独行的一面，他富有精力，卓尔不群，有足够的能力。他终于能够通过画笔与画纸传递真挚的情感，这说起来很容易，做起来却不简单。画一个跟实物很像的苹果对很多人来说易如反掌；画一个苹果让人有想吃的欲望，抑或是让人感到恶心、担忧、安心，又或者给人一种丰足、诱惑之感，让人感受到岁月流逝或生活的朴素，一言以蔽之，掌握一种用于传递情感的超越其表象的表达方式，不是很多人能做到的。“文森特画室”的画不是出于某种需求而作，因此滞销，但这些画是有生命力的。

当他转向油画后，上述过程重复发生。一切从零开始。他的第一批画作有些粗劣，但多少都有点原创性，比如令人惊艳的构图和充满活力的色彩处理，这些在之后的时间里都开始显现出来。

在两年毫无效果的投入后，文森特于1883年末离开海牙，准备去画乡村。他在荷兰东北部漫无目的地游览，为与妓女希安的关系破裂而感到沮丧。他垂头丧气地回到父母家中。父母接待了这个回头的浪子，并为他提供了一个工作室来放置他的作品。他在家里待了两年，于1885年参加了父亲的葬礼。在这一年末，他觉得自己已经准备好迎战艺术品市场，为自己拿起画笔踌躇满志，对自己的作品感到骄傲。

他责备提奥没有尽力售卖他的作品，又或者说，他们共同的作品。因为两兄弟的关系随着时间的流逝发生了变化。二人一致同意共同分担他们事业的损失或利润。文森特创作及开发市场，提奥提供必需的金钱资助及负责销售事宜。

在文森特“事业”的头四年中，提奥或多或少像是在做慈善。他出于忠诚和感情，试图将哥哥一事无成造成的损失限制在一定程度内。从1885年开始，当这些画作的质量明显提升时，提奥才开始怀疑，他的兄弟最后会成为一个真正的艺术家吗？

文森特在32岁的时候最后一次离家，带着作品能重新大卖的激情。他想与同行见面，分享自己的经历，学习他人的经验，交流作品以及寻求一些共同开发的项目。他同时也在苦苦寻找画作的买家。弗兰德斯的首都安特卫普①符合他的愿望。这个城市充满国际性，博物馆和画廊云集，当地生活水平也不是太高。这里有众多美术院校，其中“安特卫普美术学院”是梵高计划继续深造的理想场所。

这场冒险仅持续了数月。安特卫普的生活成本比预

① 安特卫普，今比利时西北部港口城市，位于斯海尔德河畔。——译者注

计的更高，人际关系很难建立，学院的课程也不尽如人意。艺术画廊没有打开他的视角。更严重的是，这个城市没有过多地激发他的灵感。

然而，他的风格因为这次短暂的经历而彻底转变。从原来阴暗的色调和昏暗的氛围，逐渐转变为明亮的色调和丰富的色彩。

关于这一转变的原因，众说纷纭。首先，提奥经常提及当时的“印象派”运动，印象派画家根据既科学又随意的方法来运用鲜艳的色彩。文森特已经兴致勃勃地阅读了很多有关色彩的理论，对这个问题很敏感，但对自己应否尝试仍有所保留，毕竟他从未在那个时代看过印象派的作品。

在前往安特卫普的时候，梵高阅读了爱德蒙·德·龚古尔[①]的《亲爱的》。在这本被文森特像敬仰宗教经典一样对待的书的前言部分，大龚古尔提及与小龚古尔一起走过的路。他在前言中写到两兄弟如何征服巴黎文坛，一起预测趋势、潮流，一起用自己的作品回应潜在的需求。其中一个例子是日本风尚，这种风尚在19世纪60年代兴起，直到1885年还未落幕。在爱德蒙看来，自己的作品中带着深刻的巴黎风格的文化印记是他与弟弟一起

① 爱德蒙·德·龚古尔（Edmond de Goncourt，1822—1896），法国作家。——译者注

努力的结果。被这一事实激励而兴奋不已的梵高开始收藏日本版画。

对于文森特来说，这本书的前言蕴含着启示。大龚古尔在前言中建议那些想要从阅读中得到启发的人去阅读。团结的两兄弟出于对时代的敏锐触觉而创作文学作品，这一经历启发了文森特。这让他想到，只要信心十足、努力工作以及坚持不懈，他与提奥就可以一起开创事业。他用崭新的、现代的视角去观察安特卫普，捕捉颜色与光而非阴影，捕捉色彩对比度而非细微的灰度变化，捕捉现实中永恒不断的变化而非停滞不前。对于他来说，艺术的本质是生活本身，无须强加判断、道德标准和禁忌。现实就是赤裸裸的。在形式层面，基于他发现的日本艺术的例子，现代艺术需要夸张和简化，使用鲜艳和对比强烈的色彩，敢于超越学院主义，强有力地表达而非低声细语。这一时期，“大胆”这个词经常出现在他的信件中，与之相伴的词语还有“坚定”和“坚决”。

去巴黎

（1886年2月末，巴黎。）

天气干燥寒冷。火车的蒸汽充满了站台，鸣笛声掩盖了金属的爆裂声和摩擦声。列车摇动几下之后，在最后的嘶哑声中，停了下来。有几个乘客已经下车。其他人在车厢里忙着。乘客们都不急于与旅伴打交道，仍然耐心地坐着，等待更安静的时刻到来。在这些人之中，就坐着牧师的儿子——画家文森特·梵高，这是一个极力达成一切目标又反对一切的人。他揉了揉脸，仔细地观察着站台，感受了一下他新做的假牙。他重新点起烟斗，陷入自己的思绪中。

对于寻求权宜之计的梵高而言，安特卫普不是一个正确的选择。去巴黎才是唯一正确的出路。他要去巴黎，与人们结交，提升自己，学习。他要参观画室，徘徊于艺术家的咖啡厅，去认识爱好脱俗之物的人士。左拉和莫泊桑[①]不是活在书上的人物，他们是生活在巴黎的活生生的人。

然后他要观察艺术。卢浮宫，艺术沙龙，柯罗[②]、库尔贝、米勒的作品……我们的画家在平庸的农村深处生活，与眼光狭隘之人交往长达两年之后，终于来到能满足他对于文化的渴求的巴黎了！他将与提奥重逢，握住提奥的手，跟提奥一起喝啤酒，谈论艺术。他在他想要作画的地方，在他寻觅到主题的每一个街角架起画架。他将向世人展示他的能力！巴黎，是我们的了！

然而，他慢条斯理地运作。没有什么让他产生紧迫感。他想起10年前最后一次看见巴黎。那时也很寒冷。他的雇主不允许他回荷兰过圣诞节。如果他离开，就再也不能回来。因此，他离开了。

这是他半途而废的职业生涯的痛苦终结，是漫长而崎岖的狂热漂泊之路的开端。他的命运之船被风浪击

---

① 亨利·勒内·阿贝尔·居伊·德·莫泊桑（Henri René Albert Guy de Maupassant，1850—1893），法国小说家，被誉为“世界短篇小说之王”，代表作有《项链》《羊脂球》等。——译者注

② 让－巴普蒂斯特－卡米耶·柯罗（Jean-Baptiste-Camille Corot，1796—1875），法国风景画画家，代表作有《池塘边的三头牛》《梦特芳丹的回忆》。——译者注

中，但没有沉没。他在10年间的诸多警告、责备、质疑以及所有惨败的计划中生存下来。如今，他重新回来，希望乘风破浪。他尽可能地进入社会的最底层，观察身边所经历的悲苦。现实打了他的脸。现实使其饥饿、出丑、筋疲力尽。但他没有在风暴中迷失方向。他比以往更强大、更成熟、更愤怒。

火车站空无一人。他深吸一口气，拿起行李下车，来到无人的站台。

文森特买了一本杂志，坐在一张桌子旁，点了一杯咖啡和白兰地干邑。他重新点起烟斗，写信给提奥。提奥对他的到来一无所知。他们将会在卢浮宫碰面，他不会在这座伟大的艺术殿堂里浪费时间。他们将在方形沙龙会见，在蒙娜丽莎的注视之下见面，就像受到一种庇护。一张小纸，一支铅笔，一个年轻的送信人：

写给提奥·梵高

巴黎

1886年2月28日

亲爱的提奥：

我不想突然过来找你。我这样想，认为这个方法可以让我们节省时间。你在中午的时候，如果你愿意的话，在更早一点的时间，来卢浮宫吧。请给我答复，告诉我你几点可以到方形沙龙。至于费用，我跟你重申一遍。我想告诉你，我还有余钱，这不在话下，花不了什么钱。——我们会安顿一切，你会看到的。希望能尽早看到你。与你握手。

文森特把这封信以及一些零钱给了一个在周边游荡的男孩。在经过大约一小时的阅读、胡思乱想、观察路人、无意识地画下草图后，文森特等来了答复。提奥在十二时三十分会到卢浮宫。

提奥："文森特！"

文森特："提奥！"

提奥："你看起来瘦了。"

文森特："你看起来脸色不好。"

提奥："脸色不好？"

文森特："你的脸苍白得毫无血色。你花天酒地了吧！哎呀。"

提奥："我是有点累，这不假。工作，城市……但，行吧。人总要向前走。文森特，我看到你实在是太开心了！"

文森特："这些先生向你索取太多了。你一定要留心，喝好酒。你喝葡萄酒吗？"

提奥："我不能再喝啦，喝酒让我头晕目眩……我遵照医嘱，喝啤酒……但这些都不重要。我的哥哥！跟我说说你的事吧！"

文森特："提奥，我来巴黎生活了。我们去散步吧。我让脚夫去拿行李，我们可以在路上吃点东西。我饿了。"

像此前一样，提奥一如既往地跟着文森特。文森特要提奥跟在他后面观赏卢浮宫中堂那些围绕在他们周围的杰作，否则他们无法抽出时间。然而，假如不是为了一起浏览艺术品，为什么二人会约在这里呢？在前往公寓前，他原本可以在这里停留……可能是急于再见伦勃朗的作品……或者只是简单地因为文森特没有了解弟弟想要什么以及他的感受是什么。像往常一样，文森特有了一个需要立即执行的计划，不能因兄弟间的叙旧而拖沓。

弟弟在很久之前便已知道哥哥是一个倔强的人。他是个好人，彻头彻尾的好人，总是对正确的道路十分笃定，但在情感上不具备同理心。他的推论通常没有错，但总是单方面的。文森特能够认识到自己的错误，但不是在犯错之前。这就是他的哥哥。文森特就是这样。

文森特刚刚到达位于拉瓦尔路的简朴公寓，便开始高声评价挂在墙上的油画和版画：挂得太高，太矮，太靠近窗户，太阴暗，细节过多，色彩不足……他谈论这些画作的时候，带着一种了解画作及画商的自信，对他而言，画作主人的欣赏能力有限。他自己的一幅作品也位列其中。

文森特："你知道吗，那幅画太暗了。我无法控制自己，所以随心去画，我尽我所能完成了。"

提奥："这比你画得要好，它让我想起了我们的祖国。"

文森特："祖国，无处不在。"

提奥："不要来巴黎，文森特，不要来巴黎……在这里，祖国会很快被遗忘。"

文森特："你从来都是大诗人，老弟！来，你给我指指那些林荫大道，我给你看看无处不在的祖国！"

提奥明白，他的日常生活将在周日这半天发生翻天覆地的变化。他的安宁，他的软弱，他作为单身汉的安静将消失殆尽。这是一个被命名为“文森特”的大漩涡，从此之后文森特将支配一切。二人之间将会爆发争执，某些主题、某些人、某些地点不能再提及。再也不会跟以前一样了。

啤酒一杯接一杯地下肚之后，他们接着喝苦艾酒。葡萄酒与食物一起，白兰地干邑让两兄弟醉倒并发疯似的大笑。文森特不停地说话，越来越大声，带着越来越疯狂的想法。他会画整个城市，城市里的公园、咖啡厅，所有周围的东西以及所有居民。他可能向他们展示了画作，却又不知展示了什么，他向人们展示画作，却不知具体向谁展示。

提奥似懂非懂。在崎岖不平的回家路上，在楼梯上，然后在他最终摔倒的床垫上，他明白了他的哥哥将长久地留在这里。他必须搬走。房子有两个房间——不，两个房间属于文森特，只有一个凹室留给自己。这是一个小小的避风港，很小，以至于不能引起文森特的任何兴趣，但这是一个真正属于提奥的私密空间……

写给保罗·高更

阿尔勒

1888年10月3日

我亲爱的高更：

当您离开巴黎的时候，我与弟弟在这里度过了一段难忘的时光。我们与画家们的讨论的范围更大了——我们与基约曼[①]、毕沙罗[②]父子和我之前不认识的修拉[③]（在出发前的几个小时才参观他的画室）相谈甚欢。这些讨论总是跟我与弟弟心心念念的东西有关，与维持画家们的物质生活和创作所需要的物质支持（颜料、画布）有关，与保持油画被创作的当下和被售卖以后价格中属于画家的部分有关。

您来巴黎的时候，我们便可以一同回顾这些讨论了。

尽管如此，我离开巴黎的时候，十分伤心，身体抱恙，只有酒精才能让我提起精神，除此之外，我四肢乏力，因此自我封闭，不敢另作他想。

我活在期待未来的思潮之中，它带给我希望，在我孤独的生命中时隐时现的希望使我感到安慰。

不过我希望您相信，我们将成功创作出能流芳百世的作品。

当我们在特别的日子里，在简陋的画室、小路上

① 让-巴普蒂斯特·阿尔芒德·基约曼（Jean-Baptiste Armand Guillaumin，1841—1927），法国印象派画家。——译者注

② 卡米耶·毕沙罗（Camille Pissarro，1830—1903），法国印象派画家，代表作有《塞纳河和卢浮宫》《雪中的林间大道》《蒙福科的收获季节》。——译者注

③ 乔治·修拉（Georges Seurat，1859—1891），法国画家，代表作有《大碗岛的星期日下午》《阿涅尔浴场》。——译者注

的咖啡厅展开讨论时，您将了解到我们的想法，我与弟弟尚未成立一个实体公司去实现我们的想法。您还将看到，我们为弥补近几年来糟糕的状态将会做的事，还有我们曾经向您倾诉过的与之有关的事。我们为之奠定了坚实的基础。当您听完我们完整的解释后，您将会承认，话题已经超出了我们曾谈论过的计划。我们会超越我们作为画商的义务，因为您大概知道的，我曾经在这个行业中工作多年，我不会轻视这个我赖以为生的职业……

在巴黎，从1886年到1888年，两兄弟加强了合作。梵高画画，提奥卖画。在哥哥的想法里面，这是两兄弟间共同的投资。他将自己的工作、研究和思考毫无保留地奉献出来；提奥为了完成文森特的目标而提供财务支持。这项投资需要时间和精力，但其中的风险也不容忽视。最坏的情况是，文森特浪费时间。他没有别的选择，他没有将时间牺牲在更有前途的活动上，而且他时日无多。在提奥看来，这一合作每年要投入大约1500法郎，而他要冒着风险失去收入的20%。最后事情的结果也是如此，但他没有受到什么威胁。

此外，他们的契约不限于这单一的事项。提奥有自己的愿望，他希望有朝一日能在文森特的帮助下创办自己的生意。他不赞同他的老板们关于售卖商品的质量的观点，他认为自己在销售方面实现的价值并未被兑现。圆滑但固执的他曾不顾布索-瓦拉东公司的命令，在老板们不知情的情况下，促成了几笔收益丰厚的生意。这种做法仅仅实现了自我满足，但并没有改变什么。提奥策划了逃离这家公司的计划，甚至认为已经找到了第3个同伴，这个人会跟他们一起在独立的道路上前行，这个人就是像他们两兄弟一样移居巴黎的荷兰人安德烈·邦格[①]。

邦格的性格与文森特大相径庭，他说的话比起他的行动更让人印象深刻。他喜欢这个创业的想法，但不想亲力亲为。至于提奥，他害怕自己孤身一人上路。提奥希望自己的定位更有优势，拿到更优厚的投资，获得有品位的客户。但他的关系网络不够稳固，不足以让他看到可期的未来，更不足以长久持续。

而文森特，他继续幻想，在有或没有合伙人的情况下，他都想要创办一家公司，而公司的轮廓根据当天的灵感而定。但他了解到市场对高质量的艺术作品有潜在的需求，他发现商人对时间的观念与艺术家的不一致。

---

① 安德烈·邦格(Andries Bonger，1861—1936)，荷兰收藏家，提奥·梵高的大舅子。——译者注

他深深地憎恶布索–瓦拉东公司，盼望他的弟弟能离开。但是，在离开之前，他们需要建立艺术家和收藏家的网络，以此确保他们产品的供给和需求。他们绝不可能只是经营文森特的作品。梵高兄弟首先需要获得一份丰富、清晰、无懈可击的订单。他们要获得同时代顶尖艺术家的好感和赞同，还要尽可能地得到市场的认可。这是文森特在巴黎逗留的两年期间，除了持续学习画画之外致力完成的两个任务。他相信，他的努力终有一天会促成一家商业公司的成立，他就是公司中一个活跃的因素。

因而他尽可能地接近巴黎的艺术家，如亨利·德·图卢兹–劳特累克、保罗·西涅克[1]、乔治·修拉、埃米尔·伯纳德、保罗·高更。这些艺术家本身也需要与巴黎艺术市场的新星、才华横溢的提奥·梵高接近，他是唯一一个可以将现代作品卖给一小撮有眼光的买主的人。不用怀疑，弟弟的地位对哥哥的社交生活有着重要意义。例如梵高兄弟与高更之间相爱相杀的关系，只有在三人有共同利益的前提下才能达致和谐：高更身无分文，依靠提奥售卖作品，而文森特认为需要与一个跟他的绘画有共同主题的、同样活力四射的知名艺

① 保罗·西涅克（Paul Signac，1863—1935），法国画家，法国新印象派创始人之一，代表作有《菲尼翁肖像》《圣特罗佩港的出航》。——译者注

术家作伴，以此来稳固作品的价值。

提奥与邦格不仅有一段令人不快的、失败的冒险经历，还与邦格的妹妹乔安娜相识、结婚，而乔安娜在丈夫提奥死后成为一个独立、勇敢、有着商业天赋、八面玲珑的杰出女性。正是她将有着坚实基础的梵高兄弟的共同事业成功地展示在了世界舞台上。

梵高兄弟去世前，由于时间仓促，他们的公司尚未注册。但这个公司在1886年至1890年间确实在筹备，这4年间文森特在法国游历，从巴黎去到普罗旺斯，最后到了瓦兹河畔的奥维尔。

在巴黎，文森特经常到费尔迪南·安妮·皮斯特那里上课，后者的化名费尔南德·柯罗蒙[1]更有名，他是一个结合了学院派风格与自由笔触的画家。这个摆渡人的作用往往被大大地低估。诸如亨利·德·图卢兹–劳特累克、埃米尔·伯纳德、路易·安克坦[2]、柴姆·苏丁、亨利·马蒂斯这些独特的、坚定的、严格的艺术家都曾受益于他的指导，他们在艺术方面才华横溢，因此对学院主义不屑一顾。柯罗蒙善于在他的画室创造特殊的竞

① 费尔南德·柯罗蒙（Fernand Cormon，1845—1924），法国画家，巴黎高等美术学院教授。——译者注

② 路易·安克坦（Louis Anquetin，1861—1932），法国画家，代表作为《红磨坊》《女人的伞》《收割者》。——译者注

争氛围，提供艺术家最需要的东西：写生的实物、习作建议以及技法解释。他让学生的讨论主题基于艺术的本质、意义和作用。

文森特到柯罗蒙那里上课的时间并不是很长，仅持续了大概几个星期。有可能是他那蹩脚的社交能力又惯性地发生了作用。这个地方汇聚了一批有抱负且兴趣各异的年轻人，这些人特立独行，这个地方不会长久地留住文森特。文森特的大嗓门，他的不受束缚，他的多管闲事与不妥协，确实也给他所到之处带来不安。但这与他在安特卫普生活时的境况不同：他在安特卫普美术学院与绘画教授们争得面红耳赤，夺门而出；而他在柯罗蒙的课上没有与人争执，提奥希望建立当代艺术家网络以实现自由的计划也禁止他这么做。

文森特与提奥在勒比克路54号的三居室共同生活了两年——文森特占有两个大房间，弟弟则住在凹室。1888年，在领会与吸收了印象主义，钻研日本艺术以及找到向日葵作为自己的象征物并进行创作后，这位画家登上了巴黎—里昂—地中海干线回到阿尔勒城，这个地方以古罗马遗迹和美女而闻名。这次出征带有这时期殖民式的探险意味。他怀着一种近乎军事化的精神到此寻宝，寻找一种可以与他的作品价值匹配的战利品。

艺术与知识的价值

在大学堂，我浪费了6年科研教师的生活时光，当时我受委托讲授一门名为“当代问题”的课程，这门课是为学习应用外语（langues étrangères appliquées，LEA）和语言与跨文化–日耳曼语系（langues et interculturalité –ensemble germ–anique，LIG）的本科专业的大三学生准备的。对我来说，要认真地对待这种课程总是很难的，课程名称是一个含混不清的名字，这种课程让任何老师都可以不断重复他的博士论文。正如我在向一个同事咨询这类课程是否合适时，他简明地表达的：“我们在这里不是为了传授技能，而是为了提供知识。”

只要人们略微掌握官方知识界的暗语和生存本能，找到一个当代的视角来呈现任何东西都是相对容易的。只要对什么是当代强加一个宽泛的概念，保证没有人能够质疑你的定义，如果这样的前提存在的话，没有人会问你关于这个主题的任何问题。因此，人们在“当代问题”的课程体系下看到针对“中欧湖泊的同一性（1200—1980）”的课程，讲授这门课的是皮埃尔–莫里斯·费尔布兰蒂埃，他是公认的专门研究作曲家奥维迪·布拉斯卡尔(《竖琴奏鸣曲》的作者)的专家。

在大学的一个学年中，费尔布兰蒂埃按照他的意愿来分配这门课程24个小时的教学时间，他的课程的目的是引导学生撰写一篇12页的论文。学生可以自由地选择《别地之湖》这组作品中的任意一篇来阅读。这个作品是一气呵成的，教授故意在读到“1973年12月24日弗罗洛夫格勒的第17分钟”的时候停顿了一下。

通过对世界施加媒体所称的“文化上的抽离”，布拉斯卡尔对西方的核威胁和好战的叫嚣提出了抗议。出席这场演讲的军官们拥有敏锐的听觉和并不集中的注意力，他们大声拥护这种革命性的沉默。布拉斯卡尔取得了胜利，这场胜利立即被大肆渲染，并在次年为他的女儿赢得了一间带阳台的公寓。

在1977年，这个大学的知识被高度政治化的时期，时年24岁的皮埃尔–莫里斯·费尔布兰蒂埃提交了一篇关于布拉斯卡尔的论文。费尔布兰蒂埃是和平主义团体“渴望平等”（Envie Égalité，EE）的一名成员，无论是在教职岗位上还是在社会主义学生联谊会（Amicale des étudiants socialistes，AES）的财政主管的岗位上，他都以他的勤勉和在管理上的才能而闻名。他以自己的一头美丽金发为傲，多年来，这一头金发已经变得苍白而稀疏。在2015年，这些头发在闪闪发光的头骨周围毫无生气地悬着。他被时代抛弃了。他苟延残喘地活着。他的目光黯淡了。可悲的是，他这样的人不在少数。

要充分地了解推动大学发展的因素，就应该知道获得应用外语和语言与跨文化–日耳曼语系这两个学位证书就能申请“欧洲多元文化和跨文化主义”的应用专业硕士文凭（bac+5）。根据大学对这两个专业的描述，获得“欧洲多元文化和跨文化主义”应用专业硕士文凭后的出路：

这一专业的硕士在三到四年（M3/M4）的研究结束后，年轻的毕业生将能够着手准备博士论文或在地方当局的跨文化调解领域、欧洲机构、国际组织或企业内的专业知识领域或语言咨询领域中担任职务。

在我看来，这段鼓舞人心的陈述的最后一个词“企业”总是有问题的。

在开始教学和研究生涯之前，我有幸参与了大约50家公司的运营。这些公司是我的客户。在攻读博士学位期间，我创办了一家出版公司，我的活动迅速转向了传播咨询和与之相关的服务上：摄影、视频、网页设计、构思与写作、视觉识别、图表、商业策略……这是一项令人兴奋的活动，涉及各界的参与者，有时他们的利益是难以协调的。但其中有一个共同的目标：通过提高企业的知名度和辨识度来提高企业的效率。在每一种情况下，都有必要专注于企业这台“机器”中最精细的部件，倾听参与者的意见，理解他们的利害关系，找到最佳的解决方案，因为我知道每一项行动都会对企业现状和未来产生不可磨灭的影响。我在工作中了解到，在一家公司，没有什么是免费的。一切都很重要，一切都在竞争，任何一成不变的东西都会危害企业。

我幸运地从这种经历中领悟到，企业就像是一个难以抑制的、不可控制的、多样化到令人难以置信的热带雨林。

对于许多被塑造为热爱社会的形象的公务员来说，这种观点是不可接受的。在他们看来，企业一点儿也不难理解：它们是由受压迫的被剥削者（雇员）和渴望权力与金钱的剥削者（老板）组成的。老板是唯利是图之徒。雇员是设法去反抗的受害者。企业中的管理人员是助纣为虐之人。

“欧洲多元文化和跨文化主义”专业就是由从未在私营部门工作过的人设计的。可这并不妨碍他们让学生为“企业内的专业知识或语言咨询领域”做好准备。这一值得称赞的雄心壮志引起的问题不在少数。不幸的是，答案往往来得太迟。对于那些不能让自己依靠爱情和清水过日子的人来说，当他们必须找到一份工作时，他们所接受的培训才会完全体现出它的意义，或者反映出这种培训毫无意义。

到这一阶段，细心的读者可能会问为什么这一章被称为“艺术与知识的价值”。

原因很简单：这是过时的意识形态的机制，建立在臆想基础上的训练将我们有生力量中的一部分引向失业和挫折。这种情况跟以下这种情况无异：这种意识让人相信，以自我为中心的轻率之人无论有什么缺点，即便这种缺点最让人难以理解，但只要他具有创造力，都值得被鼓励。上述两种情况都属于无视理性和现实的观点，是以复杂和混乱的言语为表象的妄想。这些训练、研究和工作的共同之处在于，它们都是偏低劣的思想的残骸，人们以一种奇怪的、看似民主权利的名义拒绝埋葬它们，罔顾所有的好意与对知识的忠实。

这些机制的建立，是出于良好的意愿，可以追溯到文森特·梵高的时代。

19世纪70年代，后来被称为“印象派”的艺术家开始组织大型的独立展览。独立展览面向热爱艺术创新的公众，不受国家或美术学院的控制。在批评家们最初接触到这些令人困惑的技法时，他们嘲笑他们（被称为“印象派”的艺术家），但最终对这些新方法和它们不可否认的特质表示欣赏。当然，既有支持者也有反对者，一些人拒绝遵循旧时的方式，另一些人拒绝承认美是可以以新的形式表现出来的。

印象主义是由各种因素共同产生的，其中最重要的是技术进步。尽可能完美地再现现实已不再有任何意义，摄影已经做得非常好了。作为记录手段，作为工匠实践的艺术，绘画已失去了市场和必要性。

作为回应，绘画艺术转向了对色彩的精细掌控和创新，这是摄影无法做到的。为了更好地发掘这些技艺，画家们密切关注着他们那个时代的工业和科学的进步。他们从伟大的色彩理论家的作品中汲取灵感，研究光的分解，并使用了新近发明的管状涂料。这使他们能够离开画室，到户外作画。

在他们的创作主题面前，他们看到了将转瞬即逝的光线效果固定在画面上的可能性，他们只须用生动、相对模糊的笔触快速地绘画，这一做法的优点是能够以令人信服的方式表现出水面的波动或树叶的沙沙作响。

这些艺术家接受的训练是传统的。他们都出身优越，受过良好的教育，精通拉丁语和希腊语，对学院派创作的规则了如指掌，并且经常参观博物馆。他们崇拜文艺复兴时期的画家和17世纪的绘画大师，并认为自己与之水平相当。例如，古斯塔夫·库尔贝是19世纪兴起的不寻常的绘画艺术的转折性人物，但他不能被看作印象派画家，在他的绘画笔触中，他毫无限制地借鉴了荷兰黄金时代的大师弗兰斯·哈尔斯[①]的遗风。

因此，在梵高生活的整个世纪，两种对立的趋势并存。一种趋势是平静的、学院式的、保守的，从神话或者历史中获得灵感；另一种趋势是自由的、创新的，根植于现代化并且从现实中获得灵感。这两种趋势并不是

① 弗兰斯·哈尔斯（Frans Hals，约1580—1666），荷兰现实主义画派的奠基人，代表作为《微笑的军官》《吉卜赛女郎》等。——译者注

19世纪独有的。事实上，在这两种趋势形成之初，这两种相互矛盾的力量总是共存的，就像政治保守主义总是在与进步的倾向的接触中蓬勃发展一样，反之亦然。

传统与创新之间的差异本质上不在于其内容，而在于这种差异如何被理解。今天的因循守旧者是昨天的创新者，今天的创新者是明天的因循守旧者。这在一朝一夕内是不太可能改变的。

从19世纪中期开始，不走寻常路的艺术和学院派艺术之间的不信任自然而然地就变成了一个政治问题。几个世纪以来，文化一直被局限在贵族与大城市的特权圈子里；如今，文化被媒体报道，成了每个人的事情。人数越来越多、随着民主的发展越来越政治化的公众，进而成为选举或革命争取的对象。

文化与政治的结合被证明是爆炸性的。艺术成为各方极端分子的主要关注点。如果艺术的风格被判定为是经典的，他们便把艺术看作是保守主义的标志；如果艺术风格被认为不够经典，那么它便是革命的。因此，《晚祷》[①]的绘画者让-弗朗索瓦·米勒由于把《播种》涂得太红而被认为是社会主义者。当人们在道德问题上争论不休时，艺术市场的国际化使其走向繁荣：媒体参

① 让-弗朗索瓦·米勒的作品。这幅作品有人称之为《晚祷》，有人称之为《晚钟》，现藏于巴黎的奥赛美术馆。——译者注

与得越多，买家就越争先恐后。

在这个不断繁荣的市场上，从20世纪初开始，人们见证了一种野蛮、年轻、大胆的创作方式的诞生，它完全致力于对价值的颠覆，并表现出对财务状况的无限蔑视。蒙德里安[①]、毕加索、布拉克[②]、德兰[③]、杜尚[④]，还有布雷顿[⑤]通过将他们的创作而不是他们的创作行为理智化，摧毁了屹立不倒的传统。

渐渐地，最终的作品不再重要。过滤掉一切形式上或道德上考量的创新行为才是重要的、本质的。创作动机变成了借口。色彩成为语言。形式本身就够了。

20世纪30年代证明了文化政策能导致的结果，到1945年，有必要重建人类疯狂摧毁的世界。人们记得纳粹对艺术的迷恋，人们还不信任共产主义者，他们试图通过社会主义式的现实主义为自己的病态事业赢得大众的支持。

---

① 彼埃·蒙德里安（Piet Mondrian，1872—1944），荷兰画家，几何抽象画派的先驱。——译者注

② 乔治·布拉克（Georges Braque，1882—1963），法国画家，立体主义运动的创始者。——译者注

③ 安德烈·德兰（André Derain，1880—1954），野兽派画家中的重要一员。——译者注

④ 马塞尔·杜尚（Marcel Duchamp，1887—1968），20世纪实验艺术的先锋。——译者注

⑤ 朱尔斯·阿道夫·艾美·路易·布雷顿（Jules-Adolphe-Aimé-Louis Breton，1827—1906），19世纪法国现实主义画家，他吸收了传统绘画方法，主要以法国农村为创作对象。——译者注

在法国，对社会主义的这一威胁的回应最终于1959年出现，当时政府设立了一个新的部门：文化部。这个新机构立即着手成立一个提供补贴的艺术部门，以便使当代创作非政治化。艺术家应当被保证享有充分的自由，并保证他们能够不受当选官员的挟制。

因此，1959年后的“当代创作”变成了一个不太可能实现的白日梦，它没有目的，也没有理智，变成了一个真正的、打着文化旗号的疯子的聚集地。这是一种没有任何政治思想或经济依据的文化。换句话说，这是一种不对任何人负责的文化，一种虚无的文化，一种没有框架和对象的文化，一种不可触及的文化，一种原始部落式的文化，一种被神圣化的文化。

我们在高速公路的旁边、城市的广场上、圆形广场的中央，都可以看到这种情况造成的灾难性后果。在斯特拉斯堡，有一条巨大的、古怪的、不明显的标志线，这条标志线装饰着波尔多广场。我每周大概要经过这个愚蠢的纪念性建筑3次。我不可避免地想到那些病人，人们本可以用修建这个难以描述的玩意所花费的金钱去治愈他们。

相同的偏离也对法国知识界的创作造成了同样的影响。在一个世纪之内，大学变成了大学堂：一个愚蠢的组合。在大学堂，甘于平庸的权利最终战胜了追求卓越的义务。与艺术一样，知识必须从政治中解放出来，以防止一个新的种族学系的出现，防止历史被改写，防止核研究落入坏人之手。与艺术一样，知识试图摆脱所有的经济需求，并选择逃避现实。

在这种逻辑下，几十年来，艺术和文化一直被错误地描绘成在财政独立中汲取自身的精华。任何经济机制都不应影响艺术，艺术家应该不受各种准则的束缚，人们以奖学金和可以作弊的投标掩人耳目，允许任何人做任何事情而只需要付出极少的代价，只要他有一个姨母或是一个表哥在分配委员会，或者是一党的成员。

因此，艺术和知识被剥夺了其主要动力之一：私人投资。这种担保与负责的利益关系造就了普拉西泰勒[①]、达·芬奇、伦勃朗、拉斐尔[②]、莫奈、毕加索，当然还有梵高。

必须重申的是，在20世纪的最后几十年里，大多数艺术作品确实都是完全无偿的，无论对那些推广它们的人还是那些创作它们的人。由于不受欢迎，这些作品被证明是无法销售的，并最终被储存起来。情况一直如

① 普拉西泰勒（Praxitèle），公元前4世纪雅典最著名的雕刻家，最早雕刻真人大小的裸体女性。——译者注

② 拉斐尔·桑西·达·乌尔比诺（Raffaèllo Sanzio da Urbino，1483—1520），意大利著名画家，与达·芬奇、米开朗琪罗并称为“文艺复兴后三杰”，代表作为《西斯廷圣母》《雅典学派》。——译者注

此。这就像人们把接受过高成本培训的年轻人、持有20世纪60年代的反抗者所设立的不切实际的硕士学位的人安置在“青年工作”计划[1]的岗位上和低收入者的住房中一样。

1890年，文森特·梵高用小口径的子弹射穿了自己胸膛的那一年，他认为自己是一位“小林荫道上的印象派”，这是他自己发明的术语。他用这个名称指代今天有时被称为“后印象派”的派别。这是一个奇特的派别，它包括图卢兹-劳特累克、毕沙罗、安克坦或者还有修拉，这些人是象征主义者、点彩派[2]、现实主义者和莫奈的追随者，他们唯一的共同点便是他们当时都没能像莫奈在他那个时代那样获得成功。梵高在谈论“小林荫道”时就指出了这种不成功。这里的林荫道指的是克利希林荫道，在这条林荫道上，可以找到特别多的艺术家，他们在追寻着更光明的未来，在这里，他们的画作被挂在咖啡馆里，以提高一些知名度。

在“小林荫道”这个名称下，梵高没有表现出丝毫的怨恨，也没有任何的反抗。梵高并没有责怪任何想要追求自己荣耀时刻的人。对梵高而言，决定最优秀艺术

① 1997年法国若斯潘政府实行的一项资助青年人就业的项目。——译者注

② 一种美术流派，提倡分割主义，用色彩和色彩进行光的混合，这一流派的代表人物包括修拉、保罗·西涅克。——译者注

家命运的唯一因素是世人对他们的理解所需的时间。他知道这可能要花很长时间，因此必须有足够的钱来支持自己作画。

以我们当下的眼光来看，这似乎是不公平的。

梵高，这个对民族充满热爱的人，真的认为一个才华横溢的年轻画家应该因为父母的贫穷而放弃他的梦想吗?

是的，他是这么认为的。跟今天一样，如果一个具有驾驶卡丁车天赋的年轻人无法获得资助，他必须放弃成为赛车手的梦想，对这一结果，我们并不会太震惊。人们会真诚地建议他去找一份机械师或拉力赛副驾驶的工作，并会告诉他先去参加中学毕业会考。

同样，梵高也不认为年轻艺术家“不被赏识”是不公平的。被承认的机制过去是缓慢变化的，并且始终如此。

让我们想象一下，在今天有一位拥有照片墙、脸书、色拉布和其他社交工具的绘画天才，他的作品和达·芬奇的作品一样好。可在他的作品没有流传开来的那些年，他不会被人所知也不会得到认可。在1890年，即使信息仍然主要以运送它的马匹的速度来传播，情况也没什么不同。梵高意识到，作品与公众的关系或供需之间的关系，需要时间来使之成熟。对于蒙马特大街上徘徊的、由各种各样的艺术家组成的不可胜数的派别，梵高比任何人都更清楚地知道，其中哪些派别和个人会被后世铭记，哪些派别和个人的身价会提升。然而，他既不是占卜者也不是幸运的人。他的观点有坚实的基础，他经过深思熟虑并获得了各种信息。

21世纪初，人们常说艺术首先是一件主观的事情：重要的是我们感受到了什么。艺术家可以满足于他所拥有的思想，甚至不用去触摸他的作品。抑或没有思想。他可以在一个被满是褶皱的报纸所包围的、充满尿液的盆中尖叫、裸体、蜷缩而无须为自己辩解。评论家、策展人或当选的官员都会为他找到说辞。艺术家也可以毫不脸红地展现“昙花一现的风景”，把生锈的工具堆在一个角落里，把玩具钉在木板上并洒上糖浆，用裱纸把自己裹起来，记录雪落在水面上的声音；为了附加一个四小时的视频，把智能手机悬挂在由布雷斯特驶往巴约讷的卡车车轮上拍摄……他总会找到一种声音来解释这些。这种声音不会涉及他的文化或学识，但对其影响力滔滔不绝；这种声音会对技艺的掌握闭口不谈，但会唤起它的诗意行为；这种声音会对其正确性保持缄默，但会称赞其立场。艺术家为了成为艺术家，可以满足于生存。任何一期《艺术杂志》[①]都能证明这样的艺术世界的深度。

① 法国著名的当代艺术期刊。——译者注

我们会在《艺术杂志》中发现诸如这样的文本：

如今，展览领域经常被这样的舞台试验所占据：它们延展了雕塑在空间上的张力，并且通过身体与运动的存在附加了可塑的故事。因此，在联欢节期间，吉米·罗伯特在一名翻译的协助下在他的个人展上呈现了一场表演。线条和长袍的图形、古老的花样和造型的图形是这个展览的主要内容，就像有着身体光滑的、姿态优美的表演者的表演一样，营造出了一种略显僵硬的气氛。在表演的过程中，塑造形式的仪式化过程同样会使观众被动接受（其艺术形式），观众被人为引导的参观所安抚，不再保持发挥主观能动性所必需的距离。这种被美化的身体记录源自古代，是吉米·罗伯特尝试发掘的。他虽然仍未充分掌握相关技巧，但通过一种极具象征意义的诠释展现了这种身体中蕴含的政治光谱。

因此，艺术家通过探索这种在非常有象征意义的古老起源中获得的具有形式美的身体记录才会被人们认真对待，同时还能在没有完全掌控这种记录的情况下唤起政治光谱。但是谁会吃这一套呢？谁会愿意资助这样的事情呢？

在梵高的时代，情况并非完全如此。最重要的是，艺术家在被任何人认真对待之前，都必须表现出相当强的技术能力。与今天不同的是，当时不会画画的人不可能成为画家，不会写字的人不可能成为作家，不会唱歌的人不可能成为歌手。

在20世纪，艺术家完全没有必要为了绘制有价值的画作而在纯技术层面上出类拔萃。可在19世纪，这是一个必要条件。文森特和提奥根据这些被遗忘和贬低的标准做出选择，这些标准具体表现为卓越、博学、严密、才能、工作能力和对事物的掌握能力。通过明智的交易和购买，他们获得了德加、高更、塞尚[①]和图卢兹-劳特累克的画作，当时没有人看到这些画作的价值。今天这些画价值数亿欧元。

文森特从1888年起画了大约400幅画，这些画现在的总市场价值简直无法估算。但如果一定要给出一个数字，我认为直至2016年，他的画作的总价值大约为60亿到80亿欧元。他画这些画不是为了获得他当时作为一个半世俗半边缘化的创作者的自我满足感。他画这些画是为了创造价值。

① 保罗·塞尚（Paul Cézanne，1839—1906），法国著名画家，后期印象派的代表人物，代表作有《圣维克图瓦山》《法黎耶肖像》等。——译者注

关于天赋的寓言

福音传教士马太[1]在《圣经·新约》[2]中记载了一个寓言，被称为“天赋的寓言”，梵高非常了解这个寓言。如今的“天赋”一词直接来自这个寓言，它是指与生俱来从事某种特定活动的能力。在《马太福音》中，这个词有其原始含义，指代一种货币。

---

① 马太（希伯来语：מַתִּתְיָהוּ, Mattityahu。或希伯来语：מתי, Mattay，意为“主的礼物”。希腊语：Ματθαῖος, Matthaios。英语：Matthew。天主教汉译为玛窦，东方正教会译为玛尔泰），耶稣的十二使徒之一、四个传福音者之一。传统观点认为他是《新约》中《马太福音》的作者。在跟从耶稣之前，原任罗马帝国犹太行省的税吏长。——译者注

② 《圣经》是基督教的正典，分为《新约》和《旧约》，其中《新约》共有27卷，由四部福音书（《马太福音》《马可福音》《路加福音》《约翰福音》）、一部教会历史书（《使徒行传》）、21部使徒书信、一部启示录构成。——译者注

“天赋的寓言”始于第二十五章第十四节。耶稣首先宣布，这一部分是解释为何尽管审判的日期和时间仍是未知数，仍要为审判日[1]做好准备。而那些没有准备好的人会发现天国的门已关闭。

25：14 一个人要出外云游，他叫来仆人，把他的财富交给他们。

25：15 他按照他们各人的能力，一个给了5个塔兰[2]，一个给了2个（塔兰），一个给了1个（塔兰），然后动身走了。

25：16 那获得5个塔兰的仆人，立即采取行动使之增值，另外又获得了5个塔兰。

25：17 同样，那获得2个塔兰的，另外也赚了2个塔兰。

25：18 可是那只获得1个塔兰的，出去在地上挖了一个洞，把主人给他的钱埋起来。

25：19 过了许久，这几个仆人的主人回来，跟他们结账。

---

① 审判日（Judgement Day），又译作最后的审判。这一概念来自基督教教义，指世界将要结束，上帝决定人类命运的一天。失丧者会从坟墓中复活，所有人被召集在上帝的审判台前，按各人生前所行受审判。——译者注

② 塔兰，古希腊货币及重量单位。——译者注

25：20　那领了5个塔兰的仆人进来，带回另外的5个塔兰，说："主人，你给我5个塔兰，你看，我另外赚了5个塔兰。"

25：21　主人说："很好，你这又好又可靠的仆人！你在这么小的事情上都如此可靠，我对你很有信心。进来分享你主人的喜乐吧！"

25：22　那领了2个塔兰的进来，说："主人，你给我2个塔兰，你看，我另外赚了2个塔兰。"

25：23　主人说："很好，你这又好又可靠的仆人，你在这么小的事情上都如此可靠，我对你很有信心。进来分享你主人的喜乐吧！"

25：24　随后，那个只领了1个塔兰的仆人进来，说："主人，我知道你是个严厉的人，你在没有播种的地方收割，你在没有撒种的地方收获。"

25：25　"我害怕，就把你给的塔兰埋在地下。请看，请收获属于你的东西吧。"

25：26　他的主人说："你这又坏又懒的仆人！既然你知道我在没有播种的地方收割，在没有撒种的地方收获。"

25：27　"你就该把我的钱交给银行家，等我回来的时候，可以连本带利一起收回。"

25：28 “请你们把他的1个塔兰夺回来，并把钱给那个有10个塔兰的人。”

25：29 “因为，那些已经有的人，要给他更多，让他丰富有余；而那些没有的人，连他所有的一点点也要夺走。”

25：30 “至于这个无用的仆人，把他赶到外面的黑暗[①]里去；在那里，他必定要哭泣和咬牙切齿[②]了。”

人们讨论了这则寓言的含义。有些人愿意相信，耶稣是为了谴责不公正的主人的邪恶，这些主人让人恶意竞争，利用奖励诱惑人们，并榨干穷人的最后一分钱，奖励富有的投机者。这种解读是不恰当的，无疑是受到了外来意识形态因素的污染。

基督教，特指里面的福音派，是狂热的新教徒。19世纪，福音派的主要目的是将灵魂从永恒之火中救出，文森特和提奥的父亲就是这一派教徒。为达到此目的，福音派的信徒们尽一切可能延续保罗曾从事的事业，保罗是继耶稣之后，基督教的第一位也是最伟大的一位传道者。这就是文森特·梵高出生于格鲁特–津德尔特的原

① 指地球内部核心区域的黑暗地带，是那些伪善以及不信主的人将要前往的地方。——译者注

② 形容痛悔的情形。——译者注

因，这个地方生活着近百名新教徒，他们身边围绕着成千上万的天主教徒。这也是他在比利时的博里纳日担任两年福音传教士的原因。

他可能记得这个寓言，这是培养他的牧师最爱的寓言之一。在他们的解释中，这个寓言没有谴责富足的主人们的恶毒，而是谴责懒惰的和缺乏社会责任感的人。耶稣警告说，在末日审判的日子，每个人都会在仪式上根据他的记录接受审判。他做了什么来改善他的后辈的境遇？他对得到的东西做了什么？

把塔兰埋在土里的是个坏仆人，他会下地狱。而那些使塔兰增值的仆人会得到救赎。因此，“天赋的寓言”是激励冒险、促进投资和歌颂企业家精神的诱因。

显然，这并不是字面意义上的寓言。塔兰可以被诠释为非物质财富，例如怜悯心、大方和仁慈。接受过别人帮助的人，就必须加倍奉还。在现代意义上，“天赋”也可以被解释为特殊的礼物和才能：强壮的人必须在土地上劳作；聪明的人必须自我熏陶并分享自己的知识；具有艺术才能的人必须成为艺术家，并分享自己的艺术。

文森特·梵高已严格地将上述三种解释应用于实践中。他努力工作以发展他的绘画天赋。他极富怜悯心且待人大方。最后，他通过努力工作不断提升才华。提奥也是如此，他利用自己的才能在社交、商务和管理领域大放异彩。

接受补贴的当代艺术创作恰恰相反，因为它否定了工作的价值、意义和增值的重要性，从而产生了破坏性的妄想，即艺术是无偿的，不具有任何价值。

南方的战役：投资策略

1886年至1888年间，文森特和提奥在巴黎共同居住的日子，随着一个投资项目的诞生而结束，该项目的成功持续至今，堪称业界传奇。兄弟俩具备果敢的特质又野心勃勃，他们不仅知道如何充实好几代继承人的财富，还大大地丰富了人类遗产。

1888年2月，梵高离开巴黎回到阿尔勒时，不是只想在这风和日丽的地方呼吸新鲜空气，他要启动一项新的任务。这个任务由3个部分组成：

（1）探索在马赛买卖当代油画的可能性；

（2）筹划一间可以容纳几位艺术家的画室，以优化他们活动预算的收支情况；

（3）进行一系列受到普罗旺斯启发的绘画和研究。

这项任务的第一个部分没有实现。梵高很快就放弃了去马赛的打算，他知道去那里会一事无成。加上他在阿尔勒发现了这么多创作主题，这个地区充满了光怪陆离的色彩和光影，以至于他拒绝做绘画以外的任何事情。

对于任务的第二个部分，画家没有犹豫。他租了一间房子，换上了新家具，并多次给保罗·高更写信，想要高更立即加入画室。梵高欣赏这位法国同行的作品，将他视为南方艺术家群体潜在的领导者，并认为他的画是极好的投资品。高更最终由于财务困境而勉强让步。这场联合冒险历时两个月，最终在血泊中结束，当时文森特由于狂躁症而割掉了一只耳朵。这场冒险让梵高兄弟拥有了几幅高更的画，其中一幅藏于今天的梵高博物馆。

写给提奥·梵高

阿尔勒

1888年7月31日

如果我们催促罗素，他可能会带上你买到的高更作品，而如果他没有其他办法可以帮助高更，我们该怎么办？

我在寄画的同时给他写信，这自然是为了作决定。

我会对他说，我们看到了您如此喜欢我们的绘画，但我想我们要从画家本人那里看到更好的特质，您为什么不像我们一样，对遵循本质的人充满信任并了解他所做的一切？我想补充一下，我们将这幅伟大的作品给您，这对我们而言没有什么不同，但因为高更仍会经常需要钱，为了他的利益着想，我们不应该在他的价格涨到三倍或四倍（我们有理由相信有朝一日这会成为现实）前保留着这些画吗？在此之后，如果罗素想要一个明确的要价，老实说……我们可以看看……不得不说，在这种情况下，如果高更以友情价将画转卖给您，他绝不希望我们以此价格卖给另一个买家。最后，我手上已经有8幅已完成的画，而且我会再画12幅，然后等待他的回音。

写给提奥·梵高

阿尔勒

1888年10月3日

你知道吗，如果高更加入我们，成为我们的生意伙伴，等于天上掉下了个绝佳的生意机会，它将为我们打开一个新时代。当我把你丢在南部车站时，我很内疚，几乎病倒，开始酗酒，酒精让我上头。今年冬天，我们全神贯注地与许多有趣的人和艺术家讨论，但我还是不敢奢望。我总是隐隐约约感到，经过你我的不懈努力，到目前为止，希望开始显现。

你是留在古比尔公司，还是和高更一起经营公司，都没关系。

你将成为传教商人中的第一人或者第一批人。我看到了我的画作蒸蒸日上，也看到一个艺术家的作品正在形成。如果你想为我们赚钱，我将不遗余力地创作，并把我自己塑造成一个典范。

然而，如果我们坚持下去，这一切将会形成比我们的生命还永恒的东西。

文森特把他在普罗旺斯南部的逗留看成一次军事冒险，最终这场胜利的战斗是有决定性作用的。他写道，他毁掉、破坏、推倒这些画，最终证明通过在作品中采用的极端方法他达到了目的。结局与他的预期不同，那些事情发生以后，高更一声不响地离开了。

写给提奥·梵高

阿尔勒

1889年1月17日

现在，我们大胆地进行剖析，没有什么能阻挡我们在他身上看到印象派的“波拿巴小老虎”…… 我不知道该怎么说，他从阿尔勒离去，可以和前面提到的小伍长[1]从埃及突然回国相提并论，后者也回到了巴黎。二人同是在潦倒中抛弃军队。

文森特设定的任何的第三部分是取得非凡的成就，他为此投入了大量体力和脑力的工作。

他的身体就是一台绘画机器，一切他所吃的、所喝的和所抽的都是为了提高他的生产力和作品质量。在思想层面上，为了激发自己的敏感性，他自愿将自己沉浸在理智的边缘状态。

为了使提奥放心，他于1888年7月1日在阿尔勒写信给提奥，信上写道：

因此，不要以为我会自觉地保持一种狂热的状态，而是要知道我处于一个非常复杂的运算之中，因而能快速地画出一幅又一幅画，但在动笔画画之前要长时间地计算。这样，当有人说这样做得太快了，你可以回答他们，是他们看得太快了。

最后，文森特看到了融入日本艺术的可能性，以补

① 指拿破仑·波拿巴。——译者注

充他在与巴黎印象派接触的过程中学到的知识。他尝试过临摹邮票[①]，尤其被他心目中的日本艺术家的生活方式所吸引。他认为，日本版画（浮世绘）色彩坦率而明亮是因为日本气候更温暖，更靠近赤道，因此获得更多的阳光。他估计，所有印象派画家都受到了“看待日本人的方式”的一种或多种影响。因此，他前往法国南部寻找与日本类似的光线，并尝试按日本人的方式生活。

写给提奥·梵高

阿尔勒

1888年9月24日

如果我们学习日本艺术，那么我们会看到一个真正睿智、豁达和聪明的人，他把时间花在哪儿。花在研究地球到月球的距离上？不。花在研究俾斯麦的政治上？不。花在研究一片草上。但这片草让他画遍了所有植物，然后是季节、风景的概貌，最后是动物，再到人物。虽然生命短暂，但是他用一辈子来达成这一切。

让我们看看，难道不是日本人向我们传授了一种真正的宗教吗？他们如此简单，他们生活在大自然中，就像他们本人就是花朵一样。在我看来，我们不学习日

① 模仿日本邮票的绘画风格是当时流行的日本主义的表现之一。——译者注

本艺术，就不会变得更加愉悦和幸福，这让我们回归自然，尽管我们在一个约定俗成的世界中学习和工作。

他深信文学领先于绘画艺术，他以龚古尔兄弟的经历为例，是他们将日本艺术引进巴黎。他认为，为了预见未来的品位，复制一种已经证明对文学有价值的配方似乎是明智的，如果这种做法在文学上取得成功，那么他自己的作品未来的成就是可期的。总之，他用力所能及的一切来制作可销售的画，这些画的价值至少与生产成本相当。

因此，梵高兄弟的投资是经过持久和耐心的思考，全面了解自己的产品，对市场逻辑有丰富经验的结果。他们冒着犯错的风险，但能够克服疑虑。事实证明，他们是正确的。

制作可销售的画并不意味着他们想要在短期内卖掉画。这是没有道理的。在普罗旺斯，文森特把画寄到巴黎，这是在分享他的进展，而不是为了卖掉他的作品。此外，他必须面对纯粹的现实问题：他无法将所有画都存放在他自己居住的酒店房间中。他的目标比马上脱手画作更远大：在阿尔勒逗留是一次“探险”，旨在建构一个由普罗旺斯式的灵感组成的严密整体，收集居民肖像、城市景观（公园、街道和外墙）、乡村景观（收割、播种、果园、农场和干草堆）、海景和静物，这一切都是用“日本之眼”观察后的结果。

考虑这一点，他按照类别以及一种程序逻辑来完成自己的作品。他对前景的设定即他的商业目标——成为一个富裕、有文化、有现代品位的人，他了解他所处时代的绘画，有一个大客厅，一个大餐厅，还有可供装饰的墙壁。因此，梵高着手制作一些可以在形式层面进行“对话”①的画，也就是说，这些画可以和谐地相互补充，达到整体效果。所以他一卖就是几幅画，而不是单卖一幅画。据此逻辑，他创造了普罗旺斯果园系列以及名为“诗人的花园”的系列，按位于阿尔勒黄房子前的公园景观分组。

《摇篮曲》是阿尔勒人肖像画系列的一部分。在商业逻辑下，这似乎令人惊奇。肖像画不一定适合装饰乡村的房屋。就个人而言，我会因为被肖像画包围而发疯，这些肖像画承载着陌生的同时代人的各种深意。

无论如何，梵高受到了投资逻辑和商业策略的影响，除非受到模型成本和空闲时间的限制，否则，他会尽可能多地画肖像画。

---

① 这种对话与今天某些展览夸耀的对话根本不是一回事。这种对话把引起争议的画作放在一起，懂得明智地弱化争议。要求突出争议的相似性，并赋予它一个花哨的术语，是不谙世故的表现。

罗兰家族的肖像画，即父母和他们的3个孩子——阿曼德、卡米尔和婴儿小马塞尔，这组画文森特不打算在短期内卖出，也不适合作装饰。这些画的价格不会很快就达到其价值水平，价格也取决于创作者的名望。当有想法的艺术品经销商安布罗斯·沃拉尔买下文森特在他整个冒险旅程中提供的、交易的或出售的作品时，他并没有搞错。最终沃拉尔以总价450法郎的价格购得了当时还属于罗兰家族的所有肖像画。这笔钱对于一个家境一般的家庭来说数额不小，而且已经是赚翻了。

对于梵高来说，这些卖画的收入是对他继续教育的投资。他希望能够在一两个小时内画出满意的肖像画。像拉斐尔、伦勃朗和达·芬奇一样，他希望通过一种罕见的、紧缺的技能快速赚钱，这种技能将随着他的名声的建立而变得更加有利可图。

出售肖像画的收入构成了他的流动资金，把风景画和静物画推销给收藏家，最终完成的深思熟虑过的名作在所有作品中相当于王冠上的珍贵宝石。梵高在普罗旺斯旅途中实现的就是：掌握足以面对艺术品市场的所有资源，同时拥有一种可以根据需求减少供给的灵活性。

令人遗憾的是，梵高兄弟没有活到油画创造狂热资本的那一天，他们在世的时候，没有赚到一分钱。文森特去世时，提奥为他们的事业投下了18000法郎。这笔钱使得他们可以生产出大约875幅画，并牢固建立起自己的网络和各自的声望。文森特在他生命最后的10年中一直致力于此，为了兄弟二人的共同事业牺牲了自己的心理健康。他们都无法愉快地见证他们比所有人都超前地看到了这一切。

对于梵高来说，每幅画作的成本价大概是20法郎（18000÷875），不考虑图纸，这确实是一笔好生意。但文森特的画作并非都是杰作。在商业操作中，我们经常面对80/20现象：20%的作品比其他所有作品都值钱。

梵高用足够特别的术语来界定他的油画和素描的类别。对于后者，他严格区分了自己的“速写”“草图”和“素描”。对于画在画布上的作品，他分为“研究型”和“绘画型”。当他添加限定词“大”时，指的是尺寸，这种尺寸与其所指代的作品想要实现的野心契合：大型油画具有最高的市场价值。“研究型”图画和速写也可以赠送或售卖，但仅出于人际关系目的。比如，他坚持用自己的自画像和高更的交换，却愤怒地拒绝了高更向他索要一个版本的《向日葵》的要求。

正是这些事实说明了200万欧元的梵高和7000万欧元的梵高之间的差异，这个不同并不是我们这个世纪堕落的艺术迷雾所产生的主观且附庸风雅的结果，而是工程、制作、抱负和成功构成的事业。

对于梵高而言，一幅成功的画作需要进行大量的研究：对不同角度、色彩、纹理和尺寸进行测试。所有这些研究都有成本：他在其中花费的时间和使用的材料。只有最好用的工具、最佳的色彩、最好的画布和画框才能使他满意。

写给提奥·梵高

阿尔勒

1888年12月1日

你想要什么？假如我们还有一场仗要打，那么我们必须努力实现平稳的成长。你总跟我说要关注质量而不是数量。然而没有什么可以阻止我们进行大量这样的研究，结果就是我们不会卖出太多的画。如果我们迟早要被迫卖出，那么从严肃地进行研究的角度来看，卖得贵一点是可以维持下去的。

梵高认为自己不仅是一名艺术家，还是一个工匠，其作品必须满足严格的材料质量要求。

他知道油画上的色彩会随着时间的流逝而褪色：他使用的颜料有失效日期。然而，明亮而对比鲜明的色彩是他艺术创作的强有力的表现之一。因此，他在图层上尽可能涂上又厚又纯的颜料，颜料通常直接从颜料管中挤出，没有任何添加剂和稀释剂。从短期来看，由于原材料价格奇高，获利有难度。但从中期来看，他所用的方法使其作品的色彩比同代人的更加明亮和持久。从长远来看，它保证了卓越的持久度。当同行们的作品的精妙之处随着时间消失之后，梵高的画将永葆华丽。最后，他的作品将成为他那个时代最可靠的见证。

写给提奥·梵高

阿尔勒

1888年4月11日

劳特累克完成他那幅手肘靠在小咖啡桌上的女人的绘画了吗?

如果我成功地养成在另一块画布上研究大自然的习惯，我们会有靠卖画赚钱的机会。我希望能达到这种境界，这也是我用两幅将被卖到荷兰的画做实验的原因。另一方面，我给你寄了这两幅画，这样就可以避免草率了。

你告知塔塞，添加天竺葵漆是正确的做法。他寄了彩漆给我，我刚刚检查了一下。印象派带入潮流的所有颜色不断在变化，其原因不仅仅是画家们太轻率地不经处理地使用颜色，时间也使它们过于柔和。因此，我下的所有订单，包括3种铬色（橙色、黄色和柠檬黄）、普鲁士蓝、翡翠绿、茜草漆、维罗纳绿、橙铅。这些几乎都不会出现在荷兰人的调色盘中。

总之，文森特带着不同寻常的方法、设想、计划、策略和动机前往法国南部。阿尔勒的创作计划，像一次军事任务，因此该计划应该不是巧合，没有疯狂、贫穷、酒精，没有无才无德的女人，而一切取决于远见、信念和大量的工作。

写给提奥·梵高

阿尔勒

1889年1月22日

听着，你知道我需要的是收回我去学画画所支出的学费，不多也不少。我每天都有赚取生活费的权利。

我认为我们的生意有起色是合理的，我不会说生意完全在你的掌控之下，我们做了我们两人一起做的事，这让我们花了那么多钱。但愿这项事业能交到你妻子手中，她将和我们一起参与这份跟艺术家们一起的工作。如果我没有直接参与销售，那是因为我的画还没完成，但还是有进展的，我又回到了精神紧张的工作状态。我在作画过程中的运气有好有坏，而不是只有霉运的。例如，我们手上的蒙蒂塞利的《花瓶》对于收藏家来说价值500法郎，它也值这个价，那么我敢向你保证，对于一个苏格兰人或美国人来说，我们的《向日葵》也值500法郎。然而，要融化这些金子和花朵的色调需要足够的热量，第一个尝试者没有能力，因为这个过程需要一个人全部的精力和注意力。

我生病后重看我的作品，在我眼里最好的还是《卧室》。

我觉得，如果把这一切都寄到你在巴黎的住处，你的公寓就会很拥挤，尤其是你的妻子也住在那里。这样一来，在时机到来之前，这些褪色的油画在那里被人们看到并品头论足是毫无意义的。我们的工作量相当大，为了不让这一切在年复一年的工作中因疏漏而流逝，我们尤其要保持警惕。同样，如果月份提前了，我总是试图通过创作来建立某种平衡，至少是相对平衡。如此多的烦恼当然使我有些担心和恐惧，但我仍然没有感到绝望。

我所预见的弊端是，我们需要格外小心，避免出售时的成本超出当天出售时的价格。这是我们无数次在艺术家生涯中见证的悲惨之事。

你只看到高更的离开是可怕的，这只是因为他把我们抛之脑后，而我们为了接待处境糟糕的友人而建造和布置房子，我们甚至还提供家具。尽管今天每个人都会害怕我，但随着时间的流逝，这种害怕会消失。

我们难免一死，我们容易患上各种可能的疾病。在这些病确实让人痛苦的时日，我们该怎么办？最好的办法是尝试治愈它。

当我想起我无意间给高更造成的痛苦时，我也感到内疚。但在他离开的几天前，我只看到了一件事，就是他内心的割裂，他想要去巴黎实施他的计划，但是生活在阿尔勒。这对他意味着什么？

你会感到，即使你有高薪，但如果没有商品，我们也会缺乏资金，而要真正改变我们认识的艺术家的悲惨处境，我们必须变得更加强大。但我们常常遭到他们的怀疑，他们总是在密谋。最终的结果是一无所得。我相信在艾文桥[①]已经有五六个艺术家组成了新集团，也许有的已经失败了。

他们不是不怀好意，但这是一件不可名状的事情，是他们与生俱来的可怕的缺陷之一。

---

① 艾文桥的布列塔尼聚集了许多艺术家，这些艺术家被称为艾文桥派，高更是艾文桥派的代表人物。——译者注

写给提奥·梵高

阿尔勒

1889年1月28日

为了养活我，你一直很穷，而我要么以钱来偿还，要么以灵魂来归偿。

现在你的妻子将要过来了，她有一颗善良的心，会为我们这些年长之人带来年轻的活力。

可我相信你和我在我们所从事的事业上仍会有后继者，即便直到给予我们资助的家庭放弃我们，让我们自食其力之时，我们也毫无怨言。

这是我在危机到来以后的信仰……我在这其中做错什么了吗？看吧，只要地球还在转动，就会有艺术家和画作投资商的一席之地，尤其是如你一般同时还是传教士的人。

假如我们感到愉悦，即便只是作为一些犹太老烟客，我们仍能直面我们的工作，并不会因为有所打算而忘记心中的念想。

我告诉你的是真的，在绝对必要的情况下，我会把自己关在屋子里，但我至少还有能力支付我拖欠的商品。

在阿尔勒生活的片段没有继续往下延伸。梵高从那个美女众多的小城离开，并于1889年5月——他去世的15个月之前，在普罗旺斯-圣雷米的一家精神病院住了下来。他根据时间和他个人状况的起伏，尽可能多地工作。这并不是一段休息期，而是一场沉重的考验。与其他病人在一起令他恼怒。这并不是因为其他病人们性格古怪——这位不幸的病友画家愿意宽容他们这一点，真正令他恼怒的是他们的懒散。在他看来，闲散不是一种治疗方式，而是一种疾病。

他花了一年的时间来躲避日常生活中的烦恼。在他的健康处于危险状态的时候，他仍会外出描绘周围的乡村之景，尽管疾病发作会使他几个星期都无法活动。他修改并重新诠释了在阿尔勒创作的一些作品。最后，他创作了一系列异乎寻常的画作，这些作品脱胎于提奥寄给他的伦勃朗、古斯塔夫·多雷[①]、德拉克洛瓦的版画。他没有复制它们，按照他自己的说法，他是把这些无色的版画以生动活泼的图画的形式展现出来。他还开始重读莎士比亚的作品，这些作品在他的年轻岁月启发了他。他最终还重读了《绘画概论》，并据此比较了他的进步和他对之前的作品的认识。

在普罗旺斯–圣雷米的这一年，他对自己的成就做了一次盘点和总结。他把自己描述成一个破碎的罐子。他痛苦地意识到，无论在巴黎还是在阿尔勒，他都走得太远，他为超出自己能力的过激行为付出了高昂的代价。因此，他的第一场战斗是保持他的绘画技巧并且维持他已经达到的技艺水平。他的第二场战斗是使自己痊愈，这场斗争更漫长。

就他的艺术和商业观点而言，有两大变化迫使他做出了艰难的决定并且使他调整了策略：一是他的教子[②]的出生；二是一篇由年轻评论家G·阿尔伯特·奥里尔[③]在

① 古斯塔夫·多雷（Gustave Doré，1832—1883），19世纪法国著名的版画家、雕刻家、插画家。——译者注

② 这里的教子指的是提奥·梵高的长子，也就是文森特·梵高的侄子。提奥提出，由文森特担任自己儿子的教父，并给自己的儿子取名文森特。——译者注

③ G·阿尔伯特·奥里尔（G.–Albert Aurier），当时著名的艺术评论家。——译者注

《法国信使》上发表的文章。两件好事都发生在1890年1月，而他正是在这一年去世的。

乔安娜·梵高·邦格[1]生下了健壮的小文森特·威廉·梵高。文森特反对给这个孩子取一个和他一样的名字，对这个意义沉重的名字，他有些尴尬。但提奥不愿理会这些，并借此机会重申了他无条件的钦佩、眷恋和忠诚。文森特与提奥共同事业的重心就这样戏剧性地转移到了下一代。从今以后，他们的未来便有了名字，矛盾的是，这个名字正是文森特·梵高。

第一篇认可梵高的作品以及他本人的文章的刊登造成了对梵高的第二个冲击。这篇长达17页的文章刊登在一本著名的杂志上，它将梵高描述成17世纪荷兰绘画大师当之无愧的继承者。这篇文章对梵高及其作品的认可是其他文章无法超越的。在奥里尔的笔下，文森特的艺术被提高到了他在两年前似乎不可能达到的高度。然而，这篇文章不是从天而降的礼物。文森特和提奥在已经举办的展览中展示了部分重要作品，这或多或少是其成功的前兆。另外，必须指出的是，奥里尔并不是第一个意识到文森特画作价值的人。充满艺术气息的蒙马

① 文森特·梵高的弟媳，提奥·梵高的妻子。——译者注

特[1]，艺术先锋派跳动的心脏，已经意识到要接纳梵高这位在后世被世人传唱的伟大画家。

这篇文章由一位对所有个性鲜明、新颖的事物都感到好奇的年轻评论家用满腔的热情写成的，但这就像是硬币的两面，对文森特的未来产生了显著影响。这篇文章对梵高的作品给予赞誉并且引起了梵高一定的兴趣，但也迫使梵高维持为他赢得这些荣誉的艺术水平。其中的风险是巨大的。如果他的作品质量下降，他在阿尔勒的画作可能会被视为一个短暂的高峰，他在这一时期的成就会被看作是由一种失去理智的狂热而引发的长时间的中毒所达到的。梵高的作品所建立起来的资本价值在很大程度上取决于他的努力和对信誉的维持。因此，他必须保持作为艺术家的严肃、坚定、清醒和勤奋的品质。然而，如何重拾那些使他精疲力竭并衰弱不已的努力呢？如何在不危及健康的情况下，恢复如《向日葵》一般的“浓烈的黄色调”[2]呢？

因此，恢复健康不仅是一个目标，还成了一种执念。维持已经存在的资本的价值需要的是继续推动这种资本并且为其提供新的价值和收获。他的所有画作必须在运动的状态下才能永生，展示于拍卖行和画廊中，被

① 蒙马特（Montmartre），位于巴黎北部，该地区极富人文气息，圣心教堂、红磨坊等均在此地，经常有画家在此集聚。——译者注

② 梵高在法国阿尔勒时的创作风格。——译者注

评论家和公众观赏……否则，这些画作就会在被人遗忘中消逝并且失去它们所有的价值。

文森特仍然从内心深处觉得自己是一个艺术经销商，提奥自然承担了这些画作的激励者的角色，他商人的身份与他哥哥在事业上的上升趋势是并行不悖的。这种角色分配是双赢模式的完美应用，注定不会改变。然而，随着梵高在事业上的崭露头角和他们家庭的扩大，对梵高与提奥两兄弟不利的因素也相应地增加并更具威胁性了。

提奥已患重病多年，但他可能对病的根源毫不知情。他一次又一次地指责首都巴黎污浊的空气，感叹虚弱的“体质”和 “血脉的终结”，也就是说，他延续后代的基因被耗尽，他有太多的情人，每天吃着巴黎餐馆里糟糕的食物。他咨询了几位医生，他们给他开了些补品，并给他提供了生活卫生方面的建议。但这位年轻的代理商依然咳嗽得很厉害，经常感到难以解释的疲劳。

我们今天所掌握的资料还不足以说明提奥已经意识到自己早已感染了梅毒这种致命的、无法治愈的性病。可以肯定的是，两兄弟都知道他们主要的弱点纯粹体现在身体上，他们的身体不能支撑他们实现自己的梦想。

对于文森特而言，他必须尽快离开圣雷米疗养院，去开阔眼界。在相对安全的情况下，最明智的做法是接近巴黎，这样他可以为提奥提供帮助，也便于自己接受救济。最好的地址是画家群居的地方。它看上去既美好又接近真实的生活，他将这种生活称为“自然”。他要尽可能远离巴黎这个大城市的诱惑。

这样的一个地方是存在的，跟上述细节有一点偏差而已。

瓦兹河畔的奥维尔镇距离巴黎有一个小时的车程，它原则上是符合文森特的标准的。在这里发生了一场丰富的、盛大的、由无数绘画主题构成的运动，在近40年的时间内，经常有画家光顾此地。其中杰出的前辈有：夏尔–弗朗索瓦·杜比尼[①]、卡米耶·柯罗、奥诺雷·杜米埃[②]、保罗·塞尚。锦上添花的还有保罗·加歇，他是一名专攻忧郁症的医生，也是一名战地外科医生，他主张顺势疗法[③]。在现代绘画方面，他是一名伟大的现代绘画的爱好者、行家，他定居在这个半度假村式的小镇上。他在巴黎给人看病，但他尽可能待在他的白色大房子里，这座房子建在山坡上，有花圃、许多动物、药用植物，还能将整个瓦兹河谷尽收眼底。

---

① 夏尔–弗朗索瓦·杜比尼（Charles-François Daubigny，1817—1878），法国画家，印象派的重要先驱。——译者注

② 奥诺雷·杜米埃（Honoré Daumier，1808—1879），法国著名画家，代表作有《三等车厢》《带孩子的洗衣妇》等。——译者注

③ 一种医疗方法。——译者注

加歇医生可能是《法国信使》的读者，他对提奥·梵高日益增长的影响力并不陌生。因此，当提奥给他寄去一封短信，请求他为文森特看诊，并声称在文森特病发时可任由他处理时，他饶有兴趣地答应了。

文森特通常的做法是，他一旦有想法，就会形成一个尽快付诸实践的行动方案。他如往常一样，像个聋子一样工作，他甚至不想等到画布干了再离开。精神病院被他抛诸脑后。他渴望再次前往北方奋斗，渴望更新调色板，渴望找到新的出路，这使他焦躁不安。最后一次病发使他不得不推迟几周才离开。提奥劝他耐心等待，可这是徒劳的。梵高强行离开，向北而去。

文森特在巴黎逗留了3天，这让他认识了他的弟媳乔安娜和他的小侄子文森特。乔安娜原以为会遇到一个病入膏肓的人，但她惊奇地发现文森特身材魁梧，皮肤褐色，步伐坚定，行动自如。

但是巴黎，尤其是蒙马特，对于这位创作出《星夜》的画家来说，是一个困局。他随时都有重新陷入精神错乱的危险，他知道自己是在刀尖上跳舞。他想尽快去拜访加歇医生，远离首都巴黎的喧嚣和干扰，重新工作、试验、探索并尽快找到答案，以满足他新获得的名声所引起的期望。这是个转折点，他不应该错过。另外，梵高可能已近距离地观察到了提奥的健康状态，有鉴于此，他已没有时间可以浪费了。

因此，1890年5月20日，文森特·梵高到达他最后的目的地：拉乌客栈[①]。在这里，他每天吃饭花费1法郎，住宿花费2法郎50分。

写给提奥·梵高

瓦兹河畔奥维尔镇

1890年5月20日

我对加歇医生说，我找到了他所指引的旅馆，如果每天开支为4法郎会比较好，而这家旅馆每天需要花费6法郎，这多出的2法郎对我而言太贵了。他说在这家旅店会更安静。算了吧。

他的房子里到处都是黑色的古物，除了几幅印象派画家的素描。尽管他是个古怪的家伙，但他给我的印象并不坏。当他谈到比利时和那些老一辈画家的生活时，他那因悲伤而僵硬的脸再次有了笑容，我非常相信，我会和他保持朋友的关系并且会画一幅他的肖像画[②]。他还对我说，我应该大胆地工作，一点也不要去考虑我已有的问题。

---

① 梵高在奥维尔时居住的旅店，现在已经成为当地最重要的博物馆。——译者注

② 梵高在1890年创作了《加歇医生的肖像》（*Le Portrait du Docteur Gachet*），该画有两个版本，其中一幅由私人收藏，另一幅存放于巴黎的奥赛美术馆。——译者注

在巴黎，我真切感受到自己并不需要那里的喧嚣。

我很高兴看到乔安娜、我的小侄子和你的公寓，这间公寓显然比其他的好。

在拉乌的客栈

（1890年6月，在拉乌的客栈。）

“文森特先生，要来一杯牛奶吗？”

“啊！牛奶！瞧瞧！”

“您是荷兰人吧？您喝这种牛奶吧？”

“拉乌，真的吗……牛奶？”

“又白又新鲜。跟您一样，这牛奶也是刚刚从南部来的。有少许糖块和一条茶匙。”

“对，就是这种牛奶！您吓着我了！那我就要这种白色的牛奶。”

拉乌突然哈哈大笑，还端上了苦艾酒。晚上八点了。小村庄沐浴在温暖的光线下，窗户敞开着。

人们漫步在泥泞的街道上。一个小孩儿驱赶着一匹疲惫的马。拉乌夫人在厨房忙活着。

文森特一口气喝光了牛奶，还拿出了他的本子。他随意画了一些草图：两个女人、一辆婴儿车、马、小孩儿、市政厅……他所看到的一切都跃然纸上。拉乌打断了他。

“文森特先生，告诉我，您的朋友，他要回来了吗？”

“哦？是的，我还要第二份牛奶。”

“好的，再来一份。但您的朋友，另一位荷兰人，您认为他真的一走了之了吗？因为他留下了纸条，您看。”

“希尔希格？但我不知道呀，我的好拉乌。不能因为他是荷兰人我就知道他出了什么事。我对这事也不感兴趣。”

“哦，是的。只是，他跟您一样是画家，并且是荷兰人。您应该比我更了解他。”

“我的好拉乌……您知道，如果世界上有两种事物无法和平共处，那就是在法国的一个荷兰人和在法国的另一个荷兰人。此外，一个画家和另一个画家也是如此。您认为奥维尔有多少画家？”

“这个我不太清楚……这里到处都是画家。30多个？”

“我一个都没看到。”

“好吧……无论如何，我希望这个荷兰人会回来，因为我要腾空他的房间再转租出去。”

“我跟您说，这不关我的事。不过你要记得在晚餐给我上波尔多红酒，不要普通的酒。”

“嗯，半瓶波尔多……”

拉乌决定不再打探消息了。文森特先生难得清静。他有时亲切开朗，但更多时候是寡言少语的，似乎是个幻想家，迷失于那些与日常琐事无关的想法。当他处于这种状态时，我们在他身上能获得的答案比问街上的栗子树得到的还少。

拉乌夫人正和女儿艾德琳一起用餐，她刻意与熟客们拉开了一段距离。她不希望客栈变成二流小酒馆。她总是不厌其烦地讲高雅的举止是成就高级住处的秘诀，尤其对那些看上去不怎么正派的顾客，她可能表现出一种花岗岩般的严厉。艾德琳比她活泼得多。她已经不再是个孩子了，却仍要求享受天真无邪的权利。

夫人管账，并且不喜欢客人赊账。拉乌认为还是要适应形形色色的顾客可能会不定期付钱，夫人提醒他，他们经营的是一家从来没有出过丑闻的有头有脸的店铺。当拉乌说他不觉得二者有什么关联时，夫人则让他留意葡萄酒的库存，并把收据给她。这是他乐于接受的方式。

为了将风险降至最低，客栈提供的服务份额倾向于随着酒桌上赊账的额度增大而减少。

不按时付账的文森特先生却仍能享受优待。他的餐盘总是满满一盘。他虽然是个极不寻常且怪异的顾客，但绝对有魅力和思想，其仪态也无可指责。并且很重要的是，拉乌夫人早已结识文森特先生的弟弟和弟妹，这些体面的人，还有一个可爱的小孩儿。那位夫人尤其迷人。先生操着外国口音，总是一副若有所思的神情，虽然没那么突出，但他似乎非常富有，是一个重要的人物，画家们争相前去与他聊天并向他展示画作。

因此，文森特先生可以享用一个银质的餐巾环和最白净的盘子。拉乌觉得这很荒谬，但没有阻止妻子这么做。他知道妻子曾梦想有一个没那么卑微的命运，她那留给最洋气的客人的殷勤仍使她一直活在这种幻想中。拉乌也曾幻想过、尝试过、去实现过。但岁月流逝，一成不变的日子变得越来越沉重。孩子们在田野间、酒馆里、赌场中、教堂里、火车站和城堡中长大。一家人最终在简单而繁重的生活中扎根，每天都无甚惊喜，倒是有越发卑微之势，但也越来越使人安心。拉乌对此感到满意，并且不再怀有其他抱负。他经常说他最宝贵的财富就是他的健康。他拍着肚子说："这才是我的资本！"

饭后，文森特带着两瓶干邑和装满烟丝的烟斗回到阁楼的小房间。这是一个7平方米大的房间，有床、椅子和梳妆台。墙上仅有一幅画，一幅画着葡萄藤的风景画。这样的画大约有50多幅，它们被堆放在旅馆院子的尽头。

画家打开了一本书，但线条在他的眼中跳动。墙壁随着他的脉搏的节奏跳动。他有灵感了。

这天他完成了一幅了不起的画。用位于两棵梨树之间的奥弗尔城堡、绿色的小麦、红色的小路及由金色、铜色和青铜色打造的天空一同营造了一种夜晚的效果。他放下了画笔，但画刷随着他的手指和眼睛移动。他是一个干练且强大的人，也许比在阿尔勒时更了不起、更大胆。

明天，他要重新开始作画。后天，他会给旅馆主人的女儿艾德琳画肖像。这幅画中的蓝色的背景上有一个金发天使，展现出即将成为女人的女孩内心的焦虑。她双手打结、姿势僵硬、目光凝聚，表现出其害怕变动、感觉、激动……

拉乌夫妇不可能看懂。

文森特·梵高之死

梵高在不到70天的时间里创作了80余幅画作之后，于1890年7月27日，用子弹射穿了自己的胸膛。加歇医生当晚被叫来急救，但于事无补。两天后，梵高因伤势过重去世。

梵高这样死去，至今仍有许多谜团。尽管有当时的证词、提奥的信件和显而易见的事实，但一些人仍认为他们有必要声明梵高不是自杀。我便是其中之一。

我曾想梵高这种绝望的行为不符合我所了解的梵高情况，他向往生命。几天前，他不是订购了绘画的材料吗？他不是找到了一种新的绘画格式——50厘米高、1米宽的格局，并要用这种格式创造奇迹吗？他不是正在把形象艺术融入抽象艺术吗？当然，人们通常认为梵高对自己的未来和绘画的发展充满了疑问，但是鉴于他在过去便常常表露出深深的绝望之情，他根本不会对这些感到格外不安。没有什么能让他选择自杀。

此外，人们还不知道那把射出致命子弹的手枪的去向。有人会让它消失吗？

最后，在对梵高伤口的简要描述中并没有提到烧伤。因此，子弹射出的距离要比在子弹发射同时被排出的燃烧的粒子的距离要远……这意味着梵高在没有助手的情况下是不能完成射击的。那还能是什么原因呢？谋杀，决斗？

所有这些问题都有可能被提出，但是也要考虑这样的追问有何作用。除非研究历史的技术取得显著进步，否则这些问题的答案是不得而知的。

即便最狂热的认为梵高死于谋杀或某种不为人知的阴谋的人也不得不承认，现场如果真的留下了证据的话，那也是微不足道的。最后，特别要指出的是，我们讨论的是这样一个人：他有一天决定割下自己的一只耳朵。因此他什么事都做得出，但之后他又记不住自己曾经的所为，也不能解释自己为何要这么做。

我们无法接触到那些潜在的证人，他们都去世了。收集到的那点证据是后来收录的、二手的、模糊的、不准确的和矛盾的。我们也无法进入梵高的大脑，了解他的思想。最后，他的信上也没有向我们说明他的动机或这一悲惨命运结局的细节。

另一方面，根据普罗旺斯-圣雷米的医疗报告，在梵高的精神病发作时，他的自杀倾向是显而易见的。声称他在7月27日没有精神病发作的说法是相当不可靠的。因此，梵高很可能是自杀了，要么是在完全清醒的状态下，要么是在发疯的情况下。

在读这本书时，必须要记住，一切都可能是虚假的、被捏造的。因此，我可以肯定地提出这样一种解释，梵高的自杀是在自愿和精心设计的基础上最终完成的战略行动，这一战略的实施是为了加快他的弟弟提奥的投资回报。这些话可能会冒犯这世上对别人的死亡感到好奇的大善人的情感，我恳求你们先不要生气，并立刻接受我要求精神庇护的申请，接下来听我一一道来。

1890年7月，提奥是一个已婚的青年，尽管他得到了他的兄弟、母亲、姐妹的支持，但此时的他是一位过度劳累的年轻父亲并且身患重病，还与他的上司关系微妙。长期以来，他一直要求在工作中得到优待。在那些动荡不安的日子里，他的这一要求多次遭到不光彩的拒绝。后来他以书面的形式威胁说要离开公司，他的主管们仍不理不睬。于是，他又开始考虑自己创业，也许这一次比以往更有决心。

提奥想自己创业的愿望对文森特而言并不是好事，因为提奥给梵高的救济取决于提奥收入的规律性和安全性。

提奥一直是只能在暴风雨中成长的梵高的灯塔、绳索、船锚和浮标。一方的自由取决于另一方的稳定性。这种稳定性的消失将动摇整个已成型的结构，而这个结构的目标是在中长期内使大量资本产生利润。如果提奥消失了，或者他的财务状况恶化了，那么他在梵高的油画和绘画上投资的本金，就有可能变得一文不值。这些资金是被他耐心地积累起来的，并在他精心保存的数百封信件中被完整地记录了下来。

在旅居奥维尔期间，梵高一直在做实验。在这10个星期的时间里，我们所知道的他创作的80幅画作展示了他过去作品中从未采用过的多种风格、主题、规格、技法、构图、画布以及色彩。其中一些尝试令人眼花缭乱，比如《奥维尔的圣母院》《麦田上的乌鸦》或《树根》。另一些作品表现力则弱得多，有的甚至尚未完成，它们就像刚被开辟便被放弃了的道路。

奥里尔的文章[①]发表之后，对于文森特而言，至关重要的是他要尽快振作起来，展示他的活力和坚韧。在艺术爱好者的好奇心还未被冷漠驱赶之前，在提奥自愿或被迫地停止资助之前，他必须再次达到他在阿尔勒时的“浓烈的黄色调”的艺术水平，并超越它。于是，他按照加歇医生的建议，一遍又一遍地练习，希望这种治疗能让他摆脱困境。

在7月的第3个星期，紧张情绪在梵高的内心又占据了上风。精神疾病的所有先兆都呈现出来。梵高清楚地知道这些迹象。他再也无法集中注意力，他双手颤抖，思想涣散。病情发作就是在几天内会发生的事情。不久之后，住在奥维尔的居民便发现垂头丧气的他俯身在角落里吃土，另一只耳朵好像也不见了。他的那些作品肯定出自一个疯子之手。

此时只有一个解决办法：自杀。他所有的画作都充满了对艺术的激情，这些作品都带有一种理想中的悲剧色彩。

我相信，梵高就是这样迎接生命的结局的。他认为没有比这更好的办法来履行他的承诺了。他曾许诺归还金钱或者是归还灵魂，最后他选择两者都归还。

---

① 在这篇文章中，奥里尔赞美了梵高的作品。——译者注

从商业的观点来看，文森特的自杀当然是正确的，他的死把他变成了一个殉道者，他牺牲在了未来艺术的祭坛上。他的工作和生活已经成为范本，佐证了一个被盲目、冷漠的资产阶级的无上权力所蹂躏的时代的残酷。因此，文森特得以变成那些有正义的事业要捍卫的人、有不公正要纠正的人以及寻求安慰的人的守护者。换句话说，他已经成了所有人的守护者。从商业上讲，这是天才的最后一击。

《法国信使》

1890年9月

在今年的7月29日，文森特·威廉·梵高逝世于瓦兹河畔的奥维尔，他在普罗旺斯旅居2年后在这里工作了几个星期。他终年37岁。

人们不会忘记我们的朋友和伙伴G·阿尔伯特·奥里尔的那篇关于这位荷兰人在绚丽色彩技艺方面的文章（《法国信使》，1890年第1期）。不久之后，这位画家主要作品的展览即将开幕。在他死后，他或许能获得应得的名誉，他将被人们誉为本世纪末少有的几位大胆、有个性的艺术家之一。

我们必须补充说，这次展览是提奥·梵高先生发起的，他是布索–瓦拉东公司一位精明的鉴定家、敏锐的专家，他为他的哥哥提供资助，使其得以完全投身于艺术，并充分认可他哥哥的才华。

提奥无法从他哥哥绝望而慷慨的自杀行为中获利。1890年10月27日，在文森特去世3个月后，这位年轻且才华横溢的经纪人就失去了理智。一段时间后，他患上了麻痹性痴呆并伴有身体抽搐，这是一种以魔鬼之名出现的残忍症状，跟梅毒患者在临终前不得不经历的缓慢的痛苦一样。他于1891年1月去世。他的儿子小文森特才一岁。

他的妻子乔安娜·邦格顺理成章成为遗产的第一继承人。她致力实现手上艺术品的变现和大幅增值，取得了令人难以置信的成功，并且一直为此努力，直到生命的最后一刻。她知道如何从人们认定她对市场销售的艺术品一无所知（可能因为她是女人）的事实中获利。然而她比大多数同行对艺术品的销售所知更多。她是女权主义者、和平主义者和社会主义者，极度强调自身的独立，并对自己丈夫的兄弟的作品之价值一清二楚。她小心翼翼地守护着它们，只有确保一件作品在拍卖中增值了，她才决定出售。因此，她为文森特作品的销售前景提供了有力的保障。

任何投资人都无法确保自己不受损失，这就是投资的本质。然而，成功有时是突如其来的，其原因是无法预料的，其可能性会随着初始投资的基本要素的质量提高而增加。我们可以投资一家小型电信公司，希望该行业的巨头有朝一日以高价收购该公司。如果一家公司鉴于招聘者的智商和洞察力招聘了一批称职并忠诚的技术人员来经营公司的话，我们将更有可能实现上述愿景。这些技术人员中的某一位会不会进行一项技术创新，将其公司的价值增加一百倍呢？没人能预料到。这些并非不可能。梵高兄弟的公司不仅做到了，而且一直以惊人的程度展现其活力，为成千上万的人带来精神食粮，使人幸福不已，作为人类遗产最实质的贡献永久存在。这一情况可能为文森特和提奥在加尔文教徒信仰的天堂中留下一席之地。

乔安娜·邦格早在1891年就离开了巴黎，定居荷兰。同年，她收到了200幅文森特的画作，并为其购买了价值2000法郎的保险。从1891年到1894年，朱利安·坦古[①]（1825—1894）在克劳泽尔街14号的小店里，卖出了13件作品。1895年和1896年，安布罗斯•沃拉尔[②]（1866—1939）在他位于巴黎的画廊举办了两次画展。直到1900年，乔安娜在荷兰文化事业最集中的地区举办了20个展览，以此来推广这些作品。从1901年起，乔安娜便通过有名望的画廊老板保罗·卡西尔[③]（1871—1926）集中开拓德国市场。卡西尔在1902年至1911年间售出了至少55件作品，总价超过5万荷兰盾。

1907年，贝恩海姆–热那画廊[④]购买了16幅画，价格为16800荷兰盾，在1909年该画廊又以近2万荷兰盾购买了6幅画。

上文提及的所有交易的总额就已达到86800荷兰盾，相当于18万法郎。这样一来，最初投资的18000法郎，在20年间就产生了10倍的收益，而仍未售出的藏品数量却没有显著减少。

---

① 法国著名艺术商人。——译者注

② 法国艺术品经销商，20世纪初最重要的法国当代艺术品经销商之一。——译者注

③ 德国艺术品经销商和编辑，在推动法国印象派和后印象派画家的作品，尤其是梵高的作品方面，贡献良多。——译者注

④ 巴黎最古老的美术馆之一，由亚历山大·贝恩海姆（Alexandre Bernheim）于1863年创立。——译者注

以1910年的平均单价计算，梵高所有作品的总估价接近1000万法郎。

哪怕是第一次世界大战的发生也阻止不了文森特·梵高的作品价格一路上涨的趋势，这一趋势招来了很多人的嫉妒，甚至不少人伪造其画作以牟取暴利。

在进行了大量有利可图的交易之后，乔安娜的最后一次战略性拍卖是一次让步。她以15000荷兰盾的价格，将一幅画有插着15朵向日葵的花瓶的写生画出售给伦敦国家美术馆。该画原本可以带来更多收益。但是这次交易为这幅画带来了荣誉，并大大提高了文森特其余作品的价值。

乔安娜·邦格保留了文森特那些堪称精品的画作，她知道如何保护它们和如何使她所有藏品中最出彩的画作增值，这些作品成了今天阿姆斯特丹梵高博物馆的镇馆之宝。每年，将近200万艺术爱好者络绎不绝地前去参观，然后带着当场购买的纪念品离开。梵高兄弟公司自创办之时就带有自信、忠诚和果敢的特点，如今，它已经成为一项成功的文化产业。2016年，该产业的营业额达数十亿。

1937年，色当市圣热那利学院的美术老师欧内斯特[①]

① 这里的欧内斯特应该是指同是印象派画家的欧内斯特·鲁阿尔（Ernest Rouart，1874—1942）。——译者注

参观了在巴黎举办的世界博览会。在伟大的法国艺术回顾展旁边，他发现了一整个专门为纪念梵高而设计的展厅。他回忆起他与梵高相会的场景，并尝试为梵高和梵高的作品闻名于世的原因找到说法。他返家后，放弃了风景画（虽然他在周日会不时练习一下）并开始绘制静物。

给投资者的建议

1.了解自己买了什么产品以及它的市场。

2.长期思考，但在基本面发生变化的时候做出反应。

3.克制你的野心。

4.不要盲目追随人群，忠于自己的信念。

5.从竞争的错误中获益。

6.投资个人而非公司。

7.在你所经营的范围内实现多样化。

8.憧憬名誉，可能会招致自杀，但那也不是自杀的唯一的原因。

9.对艺术要一直倾听，对商业要有敏锐的嗅觉。

年 表

1853年：文森特于3月30日出生于荷兰北布拉班特的格鲁特–津德尔特。

1857年：提奥于5月1日出生。

1862年：乔安娜·邦格于10月4日出生。

1872年：书写完成第一批信件，其后成为当今的“文森特·梵高书信集”。

1875年：文森特·梵高对他在古比尔公司艺术商人的工作没有表现出热忱。相反地，他对宗教的狂热达到了令他的家人震惊的程度。

1876年：文森特获得英国拉姆斯盖特一所私立学校的助教一职。之后，他成为卫理公会的助理牧师。他的信仰得到确认和加强。

1877年：文森特在荷兰多德雷赫特一家书店工作，之后准备阿姆斯特丹大学的入学考试，在这里，他学习神学，希望自己最终能成为牧师。

1878年：文森特放弃了考取大学的计划，重新回到瓦隆的矿区——博里纳日，从事一份不太稳定的传教士工作。

1880年：文森特的传教士合约未能续签。他决定“重新拿起画笔”。他开始从事画家这一职业。提奥开始给文森特寄钱，直到1890年文森特去世。

1882年：梵高在海牙定居，与克拉辛娜·霍尔尼克（希安）——一个怀孕的妓女、一个孩子的母亲，生活在一起。由于患上性病，文森特住院了。他经常与画家交往，建立了一个画室，不停地作画，全部都是以油画或水彩来创作。

1883年：与希安的关系破裂之后，文森特重新回到荷兰纽南家中与父母一起生活。

1885年：文森特的父亲于3月离世。不久之后，他画出了他的第一幅伟大的作品——《吃土豆的人》。

1886年：文森特与提奥一起生活，其时提奥主理布索–瓦拉东公司在巴黎蒙马特大道的分公司。文森特经常与亨利·德·图卢兹–劳特累克、埃米尔·伯纳德与保罗·高更来往。

1888年：文森特离开巴黎前往阿尔勒，在这里，他开始了“南方运动”。高更尝试再度与文森特合作。两个月后，梵高失去了理智。高更离开。提奥与乔安娜订婚。

1889年：由于出现幻觉以及精神错乱，文森特自愿将自己关在普罗旺斯-圣雷米的疗养院里。提奥·梵高与乔安娜·邦格结婚。

1890年：提奥与乔安娜的儿子文森特·威廉·梵高出生。梵高离开普罗旺斯-圣雷米，来到瓦兹河畔的奥维尔，在这里加歇医生愿意接待他，在需要的时候给他帮助。7月27日，画家开枪自杀。他在两天后离世。

1891年：提奥·梵高于1月25日逝世。

1905年：文森特的作品回顾展在阿姆斯特丹市立博物馆举办。

1914年：乔安娜·邦格出版了书信集《给弟弟的信》。提奥的遗体被从乌德勒支移出，随后埋葬到位于瓦兹河畔奥维尔的文森特墓地旁边。

1924年：英国国家艺术馆购得《向日葵》。

1925年：乔安娜·邦格于9月2日逝世。

1987年：3月，《向日葵》以3879万美元（相当于2016年的近8300万美元）的价格在伦敦佳士得拍卖行售出。

1987年：11月，《鸢尾花》以5390万美元（相当于2016年的近1.12亿美元）的价格在纽约苏富比拍卖行售出。

1990年：《加歇医生的肖像》以8250万美元（相当于2016年的近1.5亿美元）的价格售出。

2015年：高更的作品《你何时出嫁》以近3亿美元的价格售出。

译名对照表

Adeline 艾德琳

Amicale des étudiants socialistes 社会主义学生联谊会

Amsterdam 阿姆斯特丹

Anquetin，Louis 路易・安克坦

Anvers 安特卫普

Arles 阿尔勒

Armand 阿曼德

Artaud，Antonin 安托南・阿尔托

Art Press 《艺术杂志》

Assommoir《小酒店》

Auberge Ravoux 拉乌客栈

Aurier，G.–Albert G・阿尔伯特・奥里尔

Auvers 奥维尔

Auvers-sur-Oise 瓦兹河畔奥维尔

avant-gardiste 先锋派

Bayonne 巴约讷

Bernard，Émile 埃米尔·伯纳德

Bethléem 伯利恒

Bonger，Andries 安德烈·邦格

Bongrand-Jundt 邦格兰德-琼特

Borinage 博里纳日

Bosch 博斯

Bouguereau 布格罗

Boulevard de Clichy 克利希林荫道

Boussod，Valadon & Cie 布索-瓦拉东公司（原名为古比尔公司）

Brabant-Septentrional 北布拉班特

Braque 布拉克

Braskal，Orvidium 奥维迪·布拉斯卡尔

Brest 布雷斯特

Breton 布雷顿

Brochard，Christophe 克里斯多夫·布罗沙尔

Café de nuit《夜咖啡馆》

Camille 卡米尔

campagne du Midi 南方运动

capitaliste 资本主义

Carlyle，Thomas 托马斯·卡莱尔

Cassirer，Paul 保罗·卡西尔

Cézanne，Paul 保罗·塞尚

Chambre à coucher《卧室》

Champ de blé aux corbeaux《麦田上的乌鸦》

Chaponval 沙蓬瓦尔

Chérie《亲爱的》

Cimabue 契马部埃

Claudel 克洛岱尔

Collège Saint-Guénolé 圣热那利学院

Coluche 克鲁什

Compagnie unie des Indes orientales 联合东印度公司

Cormon，Fernand 费尔南德·柯罗蒙

Corot，Camille 卡米耶·柯罗

Costa，Maurits Benjamin Mendes da 毛里·本杰明·门德斯·达科斯塔

Courbet，Gustave 古斯塔夫·库尔贝

Dali 达利

D'Arvor，Patrick Poivre 帕特里克·普瓦夫·达尔沃尔

Daubigny，Charles-François 夏尔-弗朗索瓦·杜比尼

Daumier，Honoré 奥诺雷·杜米埃

Degas 德加

de Goncourt，Edmond 爱德蒙·德·龚古尔

Delacroix，Eugène 欧仁·德拉洛罗瓦

Derain 德兰

Doré，Gustave 古斯塔夫·多雷

de Toulouse-Lautrec，Henri 亨利·德·图卢兹-劳特累克

Duchamp 杜尚

Effet de nuit（*La Nuit étoilée*）《星夜》

Enterrement dans les blés《麦田葬礼》

Éthique protestante et l'esprit du capitalisme《新教伦理与资本主义精神》

Ernest 欧内斯特

Facebook 脸书

Ferblantier，Pierre-Maurice 皮埃尔-莫里斯·费尔布兰蒂埃

Flandres 弗兰德斯

Franche-Comté 弗朗什-孔泰

Gachet，Paul 保罗·加歇

Gainsbourg 甘斯布

Gauguin，Paul 保罗·高更

Germinal《萌芽》

Gérôme 热罗姆

Giotto 乔托

Goupil & Cie 艺术品贸易和出版商古比尔公司

Guillaumin 基约曼

Hals，Frans 弗兰斯·哈尔斯

Haye 海牙

Hébétude Intellectuelle Commune 常识麻痹症者

Histoire de l' Art 艺术史

Histoires de l' Art 艺术的故事

Holbein 贺尔拜因

Hugo，Victor 维克多·雨果

impressionnisme 印象派

Instagram 照片墙

Israël 以撒

Janssens，Dominique 多米尼克·詹森

Joconde 蒙娜丽莎

Judgement Day 审判日

Lac d' ailleurs《别地之湖》

langues et interculturalité–ensemble germanique 语言与跨文化–日耳曼语系

langues étrangères appliquées 应用外语

La Terre《土地》

Léonard 列奥纳多

Les Mangeurs de pommes de terre《吃土豆的人》

Les Racines《树根》

Leyde 莱登

Louvre 卢浮宫

maison de Saint-Rémy 圣雷米疗养院

mandarinad 曼达利纳德

Marcelle 马塞尔

Matisse，Henri 亨利·马蒂斯

Matthieu 马太

Maupassant 莫泊桑

Meissonier，Jean-Louis-Erenst 让·路易·欧内斯特·梅索尼埃

Mercure de France《法国信使》

Métamorphoses《变形记》

Michelet，Jules 儒勒·米什莱

Millet，Jean-François 让-弗朗索瓦·米勒

Ministères de la Civilisation 文明部

Ministères de la Culture 文化部

Mobius，Mark 马克·莫比尔斯

Modigliani 莫蒂里安尼

Mondrian 蒙德里安

Monet 莫奈

Mons 蒙斯

Monticelli 蒙蒂塞利

Montmartre 蒙马特

Musée Rodin 罗丹博物馆

Musée van-Gogh d' Amsterdam 阿姆斯特丹梵高博物馆

Musset 缪塞

National Gallery de Londres 伦敦国家美术馆

Naturalisme 自然主义

Négress《黑女人画像》

Notre-Dame d' Auvers《奥维尔的圣母院》

Nouvelle Athènes 新雅典

Nuenen 纽南

Oiseau《鸟》

Orsay 奥赛美术馆

Ovide 奥维德

Paris-Lyon-Méditerrannée 巴黎—里昂—地中海干线

Pays noir 黑色国度

Philippe Ⅱ 腓力二世

Pialat，Maurice 莫里斯·皮亚拉

Picasso 毕加索

Piestre，Ferdinand-Anne 费尔迪南·安妮·皮斯特

Pissarro 毕沙罗

Pollock 波洛克

Pont Aven 艾文桥

Pontoise 蓬图瓦兹

Portrait de Joseph Roulin《约瑟夫·罗兰的画像》

Portrait du Docteur Gachet《加歇医生的肖像》

Praxitèle 普拉西泰勒

Quinze tournesols dans un vase《向日葵》

Raphaël 拉斐尔

Rembrandt 伦勃朗

République des Sept Provinces-Unies des Pays-Bas 低地七省共和国

Robert，Jimmy 吉米·罗伯特

Rodin 罗丹

Roulin 罗兰

Rubens 鲁本斯

Rue Clauzel 克劳泽尔街

Rue Laval 拉瓦尔路

Rue Lepic 勒比克路

Saint Antoine 圣安东尼

Saint-Rémy-de-Provence 普罗旺斯-圣雷米

Salon carré 方形沙龙

Schiele 席勒

Sedan 色当市

Seurat，Georges 乔治・修拉

Sien 希安

Signac，Paul 保罗・西涅克

Smerlnolenska 斯梅尔诺棱卡

Snapchat 色拉布

Société des Artistes indépendants 独立艺术家协会

Sonates minérales pour harpe《竖琴奏鸣曲》

sous-citoyen 劣等公民

Soutine，Chaïm 柴姆・苏丁

Suicidé de la société《被社会杀害的自杀者》

Taine，Hippolyte 伊波利特・丹纳

Tanguy，Julien 朱利安・坦古

Temple 神庙

Theo 提奥

Theodorus 西奥杜鲁斯

Universitorium 大学堂

van der Veen，Wouter 伍特 ・范・德・维恩

van Eyck 凡・爱克

van Gogh-Bonger，Johanna 乔安娜・梵高・邦格

Van Gogh Frères 梵高兄弟公司

van Gogh，Vincent 文森特·梵高

van Gogh，Vincent Willem 文森特·威廉·梵高

Vermeer 维米尔

Vie tragique de Vincent Van Gogh《文森特·梵高的悲剧人生》

village d'Auvers-sur-Oise 奥维尔镇

Vollard，Ambroise 安布罗斯·沃拉尔

Vrolovgrad 弗罗洛夫格勒

Warhol 沃霍尔

Weber，Max 马克斯·韦伯

Willemien 威廉明娜

Winehouse，Amy 艾米·怀恩豪斯

Zola 左拉

Zundert，Groot 格鲁特-津德尔特